Die Grundschuld
in ihren
Beziehungen zur persönlichen Forderung

Von

Dr. jur. W. Weisbecker
Rechtsanwalt in Cassel

1922

München, Berlin, Leipzig
J. Schweitzer Verlag (Arthur Sellier)

Druck von Dr. F. P. Datterer & Cie., Freising-München.

Inhalt.

§ 1.

Das Wesen der Grundschuld.

Nach § 1191 BGB. ist unter der Grundschuld die Belastung eines Grundstückes in der Weise zu verstehen, daß an den Berechtigten eine bestimmte Geldsumme aus dem Grundstück zu zahlen ist. Damit ist vom Gesetz dargelegt, welche Befugnisse die G. gewährt, welchen Inhalt sie hat. Über ihr Wesen ist aber damit noch nichts gesagt. Die Aufgabe, das Wesen der G. darzustellen, ist der Wissenschaft überlassen, welche sich auch in ausgiebigem Maße mit dem Wesen der G., bzw. des Grundpfandrechts überhaupt, befaßt hat. Die Meinungen der Wissenschaft über ihr Wesen gehen auseinander. Abgesehen davon, daß ihre Natur als Pfandrecht überhaupt bestritten wird, so besteht nach der vorherrschenden Meinung ihr Wesen in einem Verwertungsrecht, d. h. in dem Recht, sich durch eigene Handlung einen Geldbetrag aus dem belasteten Grundstück zu beschaffen.[1]) Dieser Theorie gegenüber steht die Theorie der Realobligation mit verschiedenen Abweichungen von einander. Nach der einen Ansicht ist die G. ein Anspruch gegen den jeweiligen Eigentümer des Grundstücks auf Leistung der Geldsumme aus dem Grundstück.[2]) Nach einer anderen dieser ähnlichen Auffassung ist die G. eine dingliche Schuld mit beschränkter Haftung: Schuldner der Geldsumme ist der jeweilige Eigentümer des Grundstücks, er haftet indessen nur mit dem Grundstück.[3]). Im einzelnen kann hier auf die verschiedenen Theorien nicht eingegangen werden, es sei jedoch folgendes ausgeführt: die G. ist zweifellos ein dingliches Recht, wie denn auch die Vertreter beider Theorien mit wenigen Ausnahmen ihren dinglichen Charakter bejahen. Während das obligatorische Recht sich aus einem von dem Verpflichteten

---

[1]) Vgl. Planck, BGB. Bd. 3, 1920, Vorbem. 3 zu § 1113; Güthe, GBO. 3. Aufl., 1913, S. 1710 u. a. Eine ähnliche Konstruktion hat Strohal, JheringsJ. Bd. 57 S. 282 ff. Aus der Rechtsprechung vgl. OLG. Bd. 25 S. 186; KGJ. Bd. 41 S. 232.

[2]) Vgl. u. a. Crome, Syst. des BR. Bd. 3, 1905, § 460 Nr. 3 b; Cosack, Lehrb. des BR., 1913, § 221 III 1; Fuchs, Grundbuchrecht, 1913, 2. Aufl. Bd. 1 S. 373 ff.; Siber in JheringsJ. Bd. 50 S. 132 ff.; Seuffert Bd. 59 Nr. 113 II.

[3]) So Dernburg, Bürg. Recht Bd. 3, 1908, § 209 Nr. 3, § 222 II 4; Gierke, DPR. Bd. 2, 1905, S. 358 ff.; Hübner, Grundzüge des DPR. Bd. III S. 317, 355 ff. u. 342, 380; Schulz in ZivArch. Bd. 105 S. 239 f. und Dümchen in JheringsJ. Bd. 54 S. 356, sowie — wenigstens für die G.: Puntchart, Der Grundschuldbegriff, 1900, S. 115.

selbst verwirklichten oder mitverwirklichten Tatbestand ergibt, so besteht die G. zunächst einmal mit Wirkung gegenüber dem jeweiligen Eigentümer des Grundstücks; sie besteht weiterhin fort, wenn das Eigentum am Grundstück aufgegeben ist. Endlich wirkt sie auch gegenüber Dritten, wie sich aus § 1134 BGB. ergibt; sie kann auch von dritten, ganz unbeteiligten Personen, verletzt werden. Weiterhin belastet sie, wie sich aus § 1191 BGB. ergibt, das Grundstück selbst: zwar gewährt sie dem Gläubiger nicht das Recht der Sachherrschaft (Besitz, Gebrauch), wie die meisten anderen dinglichen Rechte, aber trotzdem beherrscht der Gläubiger in gewissem Sinne das Grundstück doch, indem bereits mit Begründung des Rechts ein gewisser Teil des Grundstückswertes ihm verhaftet ist. Das Grundstück ist ihm verstrickt; er ist berechtigt, auch schon vor Beginn der Zwangsvollstreckung gewisse Herrschaftsrechte über das Grundstück auszuüben, wie sie z. B. in § 1133 und 1134 BGB. zum Ausdruck kommen. Die dingliche Beherrschung des Grundstücks tritt auch rein äußerlich durch die Eintragung im Grundbuch und gegebenenfalls durch den Besitz des Grundschuldbriefes in die Erscheinung. Das Verwertungsrecht an und für sich brauchte begrifflich noch keinen dinglichen Charakter zu haben, und zwar auch dann nicht, wenn man mit Güthe[4]) noch die Erfassung des Grundstückswertes mit einem ganz bestimmten Range hinzunimmt. Die G. muß also, wie dies ja auch von den Vertretern der Verwertungstheorie geschieht, mindestens als dingliches Verwertungsrecht bezeichnet werden. Die Vertreter der anderen Lehre bringen den dinglichen Charakter in der Bezeichnung der G. als „Realobligation", d. h. als dinglichen Anspruch, zum Ausdruck. Im übrigen gehen jene vorwiegend davon aus, daß nach dem Gesetz eine Verpflichtung des Grundeigentümers zur Zahlung der Geldsumme nicht besteht, daß dieser vielmehr gem. § 1142 BGB. nur berechtigt ist, den Grundschuldgläubiger zu befriedigen; sie lehnen daher das Vorliegen eines Anspruchs und damit die Theorie der Realobligation überhaupt ab. Richtig ist allerdings, daß bei der G. das Recht des Gläubigers einen weitergehenden Inhalt hat, als die Pflicht des Eigentümers sich erstreckt, daß mithin Recht auf der einen und Pflicht auf der anderen Seite sich nicht genau entsprechen. Immerhin ist zwar der Grundschuldgläubiger bereits im Besitze eines vermögenswerten dinglichen Rechtes; er hat indessen noch nicht alles das erlangt, was ihm zusteht. Die Geldsumme, die er bekommen soll, ist erst noch an ihn zu bezahlen, und erst, wenn er diese erhalten hat, ist sein Recht erloschen. Zwar ist der Eigentümer nicht verpflichtet, diese Geldsumme an ihn zu bezahlen; es trifft ihn auch keine Verpflichtung, sie „aus dem Grundstück" an ihn zu bezahlen. Ebensowenig besteht für ihn eine persönliche, jedoch auf das Grundstück

[4]) S. 1710.

beschränkte Haftung. Denn der Grundeigentümer braucht nicht, wie dies bei sonstigen Verbindlichkeiten der Fall ist, dem Gläubiger durch eigene Handlung die Geldsumme zu verschaffen, er ist also nicht zur Leistung, und in diesem Sinne zu einem Tun, verpflichtet. Dies steht indessen der Annahme eines „Anspruchs" nicht entgegen, da der Anspruch ja auch in einem Gestatten, einem Unterlassen bestehen kann. Fernerhin bestehen bei der G. zwischen dem Gläubiger und dem Eigentümer Rechtsbeziehungen, welche mit dem Begriff des dinglichen Verwertungsrechtes nicht erschöpft werden, und zwar sind dieses Rechtsbeziehungen, welche einzig und allein den Eigentümer in seiner Eigenschaft als Eigentümer des belasteten Grundstücks betreffen. Sie unterscheiden sich wesentlich von der bloß negativen Verpflichtung jedes beliebigen Dritten, in das dingliche Recht des Grundschuldgläubigers nicht einzugreifen. Ebenso wie bei den sonstigen dinglichen Rechten erwachsen aus der G. Ansprüche (obligatorischer Natur) gegen Dritte erst aus der Verletzung der G. Den Grundeigentümer treffen aber gerade als solchen besondere Obliegenheiten, von denen bei dritten Personen keine Rede sein kann: zunächst besteht immerhin eine gewisse Pflicht des Eigentümers gegenüber dem Gläubiger, das Grundstück in ordnungsmäßigem Zustande zu halten (§ 1133 BGB.), wenn auch nur insoweit, daß der Gläubiger bei Verletzung dieser Pflicht sofortige Befriedigung aus dem Grundstück verlangen kann. Er muß ferner, falls er von seinem Lösungsrecht keinen Gebrauch macht, dem Gläubiger die Entnahme des Geldbetrags aus dem Grundstück auf dem Wege der Zwangsvollstreckung gestatten und hierzu seine Zustimmung geben, sei es in Form einer vollstreckbaren Urkunde oder eines gerichtlichen Urteils. Dies ist zwar in erster Linie eine prozessuale Vorschrift, von deren Erfüllung der Staat den Beginn der Zwangsvollstreckung abhängig macht. Es liegt aber auch darin die Verwirklichung eines gerade gegen den Eigentümer gerichteten materiellen Anspruchs. Das Gestatten der Entnahme des Geldbetrags aus dem Grundstück ist auch materiell als Anspruch zu bezeichnen, wenn es sich mit diesem Inhalt lediglich gegen eine bestimmte Person — den Eigentümer — richtet, und dieses ist der Fall: auch dritte Personen dürfen die Entnahme der Geldsumme durch den Gläubiger nicht bestreiten; die Pflicht des Eigentümers geht aber inhaltlich weiter. Denn der Erlös des Grundstücks würde ohne die Belastung ihm selbst zufließen, und gerade diesen, sonst ihm zustehenden Geldbetrag muß er dem Grundschuldgläubiger überlassen. Er muß also gestatten, daß dieser die Geldsumme aus seinem Vermögen entnimmt, und darum handelt es sich für ihn auch um eine materielle, nicht nur um eine prozessuale Pflicht, welche ihn allein und nicht jeden beliebigen Dritten trifft. Fernerhin bestehen auch noch sonstige Rechtsbeziehungen zwischen dem Gläubiger und dem Eigentümer. So ist dieser jedenfalls berechtigt, den Gläubiger zu befriedigen, ein Recht, das dritte Personen nicht ohne weiteres haben (vgl. auch § 267 Abs. 2 BGB.). Er kann das Kapital gegenüber dem Eigentümer kündigen, so wie dieser es ihm kündigen kann, der Eigentümer kann in Annahmeverzug kommen usw. Alle diese Tatsachen weisen mit Notwendigkeit darauf hin, daß zwischen dem Gläubiger und dem jeweiligen Eigentümer ein Rechtsverhältnis besteht, wie es allein zwischen ihnen vorliegt. — Daß im Falle der Aufgabe des Eigentums vorübergehend keine Person vorhanden ist, gegen die sich der Anspruch richtet, steht dem nicht entgegen. Das Gesetz hat für diesen Fall in §§ 58, 787 ZPO. Ersatz geschaffen. Dieses zwischen dem Gläubiger und dem Grundeigentümer bestehende Rechtsverhältnis ist ein dinglicher Anspruch, der dahin geht, daß der Eigentümer dem Gläubiger die Entnahme der Geldsumme aus dem Grundstück gestatten muß. Hierfür spricht ferner, daß das Gesetz selbst das Recht des Gläubigers aus Hypothek und Grundschuld mehrfach als „Anspruch" bezeichnet (vgl. ZPO. §§ 592 Satz 2, 688 Abs. 1 Satz 2, 794 Nr. 5) oder als Rechte, kraft deren eine Leistung gefordert werden kann (§ 952 Abs. 2 BGB.). Das Wort „Leistung" ist hier allerdings in einem weitergehenden Sinne gebraucht, es bedeutet hier nicht ein Verschaffen, sondern eben nur die Gestattung der Geldentnahme. Ferner spricht das Gesetz auch von „Einreden", welche diesen Rechten entgegenstehen können (§§ 1137 und 1157 BGB.), und Einreden setzen Ansprüche voraus. Bei den vielfachen Gründen, welche für das Vorliegen eines Anspruchs sprechen, kann man nicht sagen, daß diese Ausdrucksweise des Gesetzes für die Begriffserklärung der G. bedeutungslos sei. Sie ist ein dinglicher Anspruch mit persönlichen Rechtsbeziehungen zwischen dem Gläubiger und dem jeweiligen Eigentümer des Grundstücks, der Inhalt des Anspruchs ergibt sich aus § 1191 BGB. Obwohl der Anspruch nicht dahin geht, daß der Grundeigentümer die Geldsumme aus dem Grundstück „leisten" muß, sondern nur dahin, daß er deren Entnahme gestatten muß, so kann man dieses Rechtsverhältnis mit dem Namen „Realobligation" bezeichnen.

§ 2.

Unterschied zwischen Hypothek und Grundschuld.

Das in § 1 Gesagte gilt nicht nur von der Grundschuld, sondern in gleicher Weise auch von der Hypothek. Auch diese ist ein Grundpfandrecht mit dem Inhalt, daß eine bestimmte Geldsumme aus dem Grundstück an den Gläubiger zu bezahlen ist. Der Unterschied zwischen beiden besteht nach dem Wortlaut des Gesetzes lediglich darin, daß bei der Hypothek die Geldsumme „zur

Befriedigung wegen einer ihm zustehenden Forderung" an den Gläubiger zu bezahlen ist (§§ 1191 und 1113 BGB.). In ihrem Verhältnis zu der persönlichen Forderung liegt also der einzige Unterschied zwischen Hypothek und Grundschuld. Mißverständlich ist es, den Unterschied in der Weise auszudrücken, daß die Hypothek die kausale, die Grundschuld die abstrakte Grundstücksbelastung sei.[1]) Zunächst kann ja auch die Hypothek sehr wohl für eine abstrakte Forderung (aus einem Schuldversprechen, einem Wechsel usw.) bestellt werden; wenn man ferner lediglich den gegen den Eigentümer gerichteten Hypothekenanspruch berücksichtigt, und die daneben bestehende persönliche Forderung außer acht läßt, dann sind sowohl die G. wie auch die Hypothek abstrakte Ansprüche. Sie beruhen beide auf dem abstrakten dinglichen Vertrag der Einigung, und der auf den Vollstreckungserlös des Grundstücks gerichtete Anspruch ist in beiden Fällen abstrakt, er ist von dem kausalen Schuldverhältnis losgelöst, farblos. Man kann den Unterschied auch nicht in der Weise erklären, daß man sagt, der Hypothek liege eine persönliche Forderung zugrunde, der G. jedoch nicht; denn auch die G. wird meistens als Sicherungsgrundschuld zur Sicherheit für eine persönliche Forderung bestellt (vgl. auch § 53 Abs. 2 ZVG. und § 33 Abs. 2 letzter Satz des Erbbaurechtsgesetzes vom 15. Januar 1919), und ohne daß eine Forderung besteht, wird der Eigentümer in der Regel keine G. errichten. Hypothek und G., beide abstrakter Natur, haben ihren Rechtsgrund in einem zugrunde liegenden Schuldverhältnis, welches bei der Hypothek immer, bei der G. meistens eine persönliche Forderung ist. Diese persönliche Forderung, wegen derer der Gläubiger sichergestellt werden soll, bildet sowohl bei der Hypothek wie bei der G. die Causa, d. h. den Beweggrund für ihre Errichtung. Indessen ist die Hypothek akzessorisch — wenigstens in der Weise, daß sie als Fremdhypothek in ihrem Bestand und Fortbestand von der persönlichen Forderung abhängig ist und von ihr beeinflußt wird. Sie ist das angelehnte Pfandrecht. Demgemäß muß die persönliche Forderung, für welche die Hypothek errichtet wird, bei der Errichtung bezeichnet werden; die Forderung muß bei Belastung des Grundstücks mit einer Hypothek zum Ausdruck gebracht werden. Besteht die Forderung nicht, so besteht auch die Hypothek als solche nicht (sondern lediglich als Eigentümergrundschuld); erlischt die Forderung ganz oder teilweise, so verliert insoweit der Gläubiger auch die Hypothek, welche Eigentümergrundschuld wird. Die Grundschuld dagegen ist an die persönliche Forderung nicht angelehnt. Sie besteht einzig und allein auf Grund der Tatsache ihrer Bestellung; der aus ihr sich ergebende Anspruch beruht allein auf dem Bestande der G. Sie ist in ihrem Fortbestand und Inhalt von der zugrunde liegenden

[1]) So u. a. Hachenburg, Vorträge, 1900, S. 536 ff.

persönlichen Forderung unabhängig, und für ihre Errichtung ist die Forderung keine notwendige Voraussetzung. Demgemäß ist bei ihrer Errichtung die persönliche Forderung auch nicht zu bezeichnen, ihr etwaiger Zweck, der Sicherung einer persönlichen Forderung zu dienen, darf nicht zum Ausdruck kommen. Sie besteht darum — kraft des dinglichen Rechtsvorganges — auch zu Recht wenn die vorausgesetzte persönliche Forderung wegen Nichtigkeit des Vertrags nicht zur Entstehung gelangt ist, oder wenn die nach dem Willen der Beteiligten erst noch zu erwartende künftige Forderung nicht begründet wird. Ebenso hat das spätere Erlöschen der ursprünglich vorhandenen persönlichen Forderung keinen Einfluß auf den Fortbestand und Inhalt der G. Auch ist es hierfür ohne Belang, wenn diese Forderung mit einer verzögerlichen oder dauernden Einrede behaftet ist. In dieser Hinsicht gleicht die G.=bestellung einerseits der Eigentumsübertragung, welche als dinglicher Rechtsvorgang gleichfalls von dem zugrunde liegenden Kausalvertrag unabhängig ist. Da anderseits die G.=errichtung erst die Begründung eines Anspruchs für den Gläubiger in sich schließt, und zwar eines abstrakten Anspruchs neben der persönlichen (abstrakten oder kausalen) Geldforderung, so gleicht sie insoweit auch dem Schuldversprechen und dem Wechsel; auch durch letztere wird für den Gläubiger ein neuer Anspruch begründet, der zunächst von der ursprünglichen kausalen Forderung unabhängig ist.

§ 3.

Einwirkung der persönlichen Forderung auf die Stellung des Grundschuldgläubigers.

Eine G. kann erworben werden, ohne daß ihr eine persönliche Forderung zugrunde liegt: sie kann schenkweise bestellt oder gekauft werden, und zwar letzteres nicht nur in der Weise, daß der Eigentümer eine zunächst für ihn selbst bestellte Eigentümergrundschuld schenkweise oder auf Grund eines Kaufvertrags weiter überträgt, sondern auch so, daß sie in dieser Weise von vornherein für den Erwerber bestellt wird. Alsdann besteht keine persönliche Forderung, zu deren Sicherheit die G. dienen soll. In den meisten Fällen aber besteht bereits eine persönliche Forderung, welche der G. zugrunde liegt. Es kann auch zwischen Gläubiger und Schuldner vereinbart werden, daß mit Bestellung der G. das persönliche Schuldverhältnis erlöschen soll. In der Regel besteht jedoch die persönliche Schuld fort und die G. dient lediglich als Sicherheit für diese. Die G. kann auch als Sicherheit für eine erst künftig zu begründende Forderung, z. B. für ein in Zukunft zu gewährendes Darlehen, bestellt werden. Unter den beiden letztgenannten Voraussetzungen ist sie reine Sicherheit,

Sicherungsgrundschuld. Wie bereits hervorgehoben, ist die G. als dingliches Recht von all diesen Fragen unabhängig. Trotzdem ist es aber für die Stellung des Grundschuldgläubigers nicht bedeutungslos, ob die als causa, als Beweggrund, gedachte persönliche Forderung besteht oder nicht, bzw. ob sie wieder wegfällt. Dies ergibt bereits ein Vergleich der G., eines beschränkten dinglichen Rechtes, mit dem Eigentum, dem unbeschränkten dinglichen Recht. Ist Eigentum übertragen, besteht jedoch die der Tradition zugrunde liegende persönliche Forderung nicht, so ist die dingliche Rechtsänderung ohne Rechtsgrund erfolgt und ist nach den schuldrechtlichen Vorschriften wieder rückgängig zu machen. Dies gilt namentlich auch dann, wenn das Eigentum zur Sicherung einer Forderung, also fiduziarisch, übertragen worden ist und die Forderung nicht existiert. Es ist ganz selbstverständlich, daß die Rechtsordnung auch die Grundschuldbestellung, d. h. die Verschaffung eines beschränkten dinglichen Rechts, nicht als endgültig ansieht, wenn die vorausgesetzte persönliche Forderung nicht besteht, die G. ist daher gleichfalls nach den schuldrechtlichen Vorschriften wieder rückgängig zu machen. Wie beim Eigentum, so dienen auch hier zur Rückgängigmachung der rechtsgrundlosen Vermögensverschiebung die Vorschriften über die Herausgabe einer ungerechtfertigten Bereicherung. Die Bestellung einer G. ist — ebenso wie die nur neue obligatorische Beziehungen schaffende Wechselausstellung — bereits eine „Leistung", die der Gläubiger durch den Schuldner erlangt hat; sie ist zwar nicht „die Leistung", die er endgültig zu fordern hat, damit sein Anspruch ausgeglichen ist, aber sie gewährt ihm bereits ein Plus gegenüber der durch sie gesicherten persönlichen Forderung, bestehend in der realen Sicherheit und in dem Nichterfordernis eines weiteren Beweises: darum ist sie eine „Leistung", die der Gläubiger von dem Grundeigentümer erlangt hat und welche, wenn die Voraussetzungen dafür gegeben sind, auf Grund einer obligatorischen Verpflichtung wieder rückgängig zu machen ist. Weiterhin gibt die G. kraft ihres dinglichen Bestandes dem Gläubiger ohne weiteres das formale Recht, den in ihr verbrieften Anspruch geltend zu machen, und namentlich gilt dies auch von der Sicherungsgrundschuld. Sie ist eine fiduziarische Rechtsübertragung, d. h. im Innenverhältnis darf der Gläubiger davon nur zu seiner Befriedigung Gebrauch machen, unter der sebstverständlichen Voraussetzung, daß ihm die Forderung zusteht.[1]) Der Gläubiger darf also dieses Recht nicht schrankenlos ausüben, wenn die für den Bestand der G. vorausgesetzte persönliche Forderung nicht oder nicht mehr besteht. Kann mithin der von den Beteiligten vorausgesetzte Zweck, zur Befriedigung der Forderung zu dienen, nicht mehr erfüllt werden, weil die Forderung nicht oder nicht mehr besteht, so ist die G. dem Besteller

[1]) Vgl. v. Thur, Allgem. Teil, 1918, S. 186, 187.

zurückzugewähren. Auch der Wechselgläubiger, für welchen durch den Wechsel eine neue von der Kausalforderung unabhängige abstrakte Obligation begründet ist, kann diesen formalen Anspruch nicht ohne Rücksicht auf die persönlichen Rechtsbeziehungen geltend machen, er muß sich vielmehr unter Umständen Einreden, die auf dem kausalen Schuldverhältnis beruhen, auch als Wechselgläubiger gefallen lassen, und den Wechsel wieder herausgeben. In ähnlicher Weise verhält es sich mit dem Grundschuldgläubiger; auch dieser ist nach außen hin legitimiert, die G. geltend zu machen; auf Grund seines obligatorischen Verhältnisses zu dem Eigentümer ist er dies jedoch nur zum Zwecke der Befriedigung wegen seiner Forderung und daher auch nur unter der Voraussetzung, daß diese (noch) existiert. Er hat nach außen hin — ebenso wie der fiduziarische Eigentümer und der Wechselgläubiger — unter Umständen mehr Rechte, als ihm im Innenverhältnis zu dem Schuldner zustehen. Unter den gleichen Voraussetzungen wie bei jenen ist er daher zur Rückgewähr der G. obligatorisch verpflichtet, oder aber, es kann seinem Anspruch die Einrede entgegengehalten werden, daß hier das formale Recht mit dem materiellen nicht übereinstimmt.

§ 4.

Einfluß der Grundschuld auf die persönliche Forderung.

Da der G., wie erwähnt, meistens eine persönliche Forderung zugrunde liegt, so fragt es sich zunächst, ob mit Bestellung der G. die vorher begründet gewesene persönliche Forderung erloschen ist oder nicht, und sodann ist zu untersuchen, ob im letzteren Falle der Gläubiger je nach seiner Wahl G. und persönliche Forderung geltend machen kann, oder aber ob er verpflichtet ist, zunächst seine Befriedigung aus der G. zu suchen, und erst wegen des Ausfalls auf die persönliche Forderung zurückgreifen kann. Was die erste Frage anlangt, so kann der Schuldner zweifellos mit dem Gläubiger vereinbaren, daß mit Bestellung der G. die persönliche Forderung erlischt, daß diese mithin vom Gläubiger an Erfüllungs Statt angenommen wird.[1]) Im Zweifel ist jedoch nicht anzunehmen, daß die Beteiligten bei Errichtung der G. das Erlöschen des persönlichen Schuldverhältnisses beabsichtigt haben. Dies ergibt sich zunächst aus § 364 Abs. 2 BGB.: denn bei Errichtung der G. übernimmt der Schuldner dem Gläubiger gegenüber zum Zwecke der Befriedigung eine neue Verbindlichkeit (eine Realobligation), nämlich eine dingliche Schuld in dem oben entwickelten Sinne, wenn auch nicht von dem gleichen Inhalt wie die persönliche Schuld. Die Gegner der Theorie der Realobligation werden lediglich von einer analogen Anwendung des § 364 Abs. 2

[1]) Vgl. Gierke II S. 909 ff.; RG. Bd. 78 S. 65, 364 Abs. 1 BGB.

BGB. sprechen. Behauptet der Schuldner, daß die G. an Erfüllungs Statt bestellt worden sei, so trifft ihn dafür die Beweislast und zwar nicht nur nach § 364 Abs. 2 BGB., sondern auch nach den allgemeinen Regeln über die Beweislast, wonach der Schuldner, der das Erlöschen seiner Verpflichtung behauptet, seine dahingehende Behauptung beweisen muß. Aus der letztgenannten allgemeinen Regel ergibt sich das gleiche auch für den Fall, daß nicht der Schuldner, sondern ein Dritter die G. bestellt.[2]) Im Zweifel besteht also die persönliche Schuld neben der G. fort, ebenso wie die kausale Schuld nicht erlischt, wenn der Schuldner dem Gläubiger darüber einen Wechsel ausstellt.

Es ist indessen weiter zu untersuchen, ob der Gläubiger nicht verpflichtet ist, sich zunächst an die G. zu halten, und erst nach erfolgtem Ausfall auf die persönliche Forderung zurückgreifen kann. Bei Prüfung dieser Frage liegt wiederum ein Vergleich mit dem Wechsel nahe. Hier stehen Rechtsprechung und Literatur auf folgendem Standpunkt: wenn der Schuldner dem Gläubiger zum Zwecke seiner Befriedigung einen Wechsel übergibt, so ist der Gläubiger verpflichtet, zunächst auf dem Wege der Einziehung des Wechsels seine Befriedigung zu suchen.[3]) Einzelne Schriftsteller[4]) führen dies darauf zurück, daß der Wechsel dem Gläubiger zahlungshalber gegeben sei. Sie erblicken das Wesen der Hingabe zahlungshalber gerade darin, daß der Gläubiger zunächst aus dem ihm zahlungshalber übertragenen oder bestellten Recht Befriedigung suchen müsse, und zwar im Gegensatz zu der Hingabe „sicherheitshalber", bei der der Gläubiger von vornherein auch seine Hauptforderung einziehen könne. Allein diese Ausführungen erscheinen unzutreffend. Zunächst sind die Bestellung (Übertragung) eines Rechtes zum Zwecke der Sicherheit und diejenige „zahlungshalber" keine einander ausschließende, sondern verwandte Begriffe: durch eine Sache oder ein Recht wird dem Gläubiger eine Sicherheit bestellt, wenn Sache oder Recht ihm vorzugsweise verhaftet sind, so daß seine Befriedigung daraus *vor den anderen* nicht gesicherten Gläubigern und gegen den Willen des Schuldners erfolgen kann;[5]) in diesem Sinne dienen als Sicherheiten das Mobiliar- und das Grundpfandrecht, sowie das Pfandrecht an sonstigen Rechten, z. B. Forderungen; aber nicht nur Pfandrechte, sondern auch fiduziarische Rechtsübertragungen wie die Sicherungsübereignung und die Abtretung von Ansprüchen zum Zwecke der Sicherheit. Den Ausdruck „zahlungshalber" oder

---

[2]) Für den Fall der Bestellung einer gewöhnlichen Verbindlichkeit durch einen Dritten vgl. RGRKomm. 3. Aufl. Anm. 2 zu § 364 und Staudinger 7./8. Aufl. das. S. 380 Anm. 2 und S. 378 Anm. 1 c β.

[3]) Vgl. JW. 1901 S. 867 (s. d. Anweisung) und zahlreiche andere.

[4]) Vgl. Adler in GoldschmidtsZ. Bd. 64 S. 170 ff.

[5]) Vgl. v. Thur a. a. O. § 76.

„erfüllungshalber" kennt das Gesetz nicht; der Begriff wird jedoch in § 364 Abs. 2 BGB. als bekannt vorausgesetzt und tritt darin in Gegensatz zur Leistung „an Erfüllungs Statt", ohne daß aber daran weitere Rechtsfolgen geknüpft werden. Für den Fall der Begründung einer neuen Verbindlichkeit durch den Schuldner zum Zwecke der Befriedigung des Gläubigers zu bestimmen, daß die Verbindlichkeit nicht „an Erfüllungs Statt" übernommen werde, lag nur aus dem Grunde nahe, weil man sonst an die gemeinrechtliche Novation hätte denken können, welche das alte Schuldverhältnis zum Erlöschen bringt.[6]) Will man den Begriff der Leistung „erfüllungshalber" aus § 364 Abs. 2 BGB. herauslesen, so besteht dieser lediglich darin, daß der Schuldner an den Gläubiger zum Zwecke seiner Befriedigung eine Leistung vornimmt, ohne daß das Schuldverhältnis erlischt, daß dieses vielmehr fortbesteht, bis der Gläubiger aus der Verwertung des ihm übertragenen Gegenstandes Befriedigung erlangt hat,[7]) d. h. also, daß der Gläubiger sich aus ihr bezahlt machen kann. Diese Voraussetzungen liegen aber auch bei allen oben erwähnten Leistungen zum Zwecke der Sicherheit vor: aus allen diesen soll sich der Gläubiger wegen seiner Forderung bezahlt machen, und nur die Art, wie dies geschehen soll, ist an Voraussetzungen geknüpft, die bei den einzelnen Sicherungsrechten voneinander verschieden sind. Ebenso wie alle zur Sicherheit begründeten oder übertragenen Rechte, Leistungen „zahlungshalber" sind, so sind die Leistungen „zahlungshalber" auch solche zum Zwecke der „Sicherheit". Eine Ausnahme bilden nur die eigenen, vom Schuldner übernommenen abstrakten Verbindlichkeiten im Sinne des § 364 Abs. 2 BGB.; denn die neue Verbindlichkeit gewährt — abgesehen von der Erleichterung des Beweises —, dem Gläubiger keine weitere Sicherheit für die Verwirklichung seines Forderungsrechtes, die er nicht schon vorher gehabt hätte. Ist zu gleicher Zeit für den Gläubiger auch ein Anspruch gegen eine dritte Person übertragen worden, wie z. B. bei der Indossierung eines von einem Dritten akzeptierten Wechsels auf den Gläubiger, so handelt es sich wiederum um eine Leistung, die sowohl „erfüllungshalber" wie auch „sicherheitshalber" geschieht; denn hier erlangt der Gläubiger gleichzeitig durch die Mithaft des Dritten auch eine Sicherheit. Da mithin die beiden Begriffe meistens zusammen fallen, so ist es unrichtig zu sagen, daß in dem einen Falle der Gläubiger ohne weiteres auf die Hauptforderung zurückgreifen dürfe, im andern Falle aber zunächst Befriedigung aus dem ihm zahlungshalber abgetretenen Recht suchen müsse. Diese Pflicht liegt ihm nur

[6]) Es ist hier natürlich nur von der Leistung im Verhältnis zur Hauptverpflichtung die Rede, nicht aber im Verhältnis zu der etwa begründeten Nebenverpflichtung zur Sicherheitsleistung.

[7]) v. Thur S. 67.

dann ob, wenn sie durch eine besondere Vereinbarung begründet ist, was aber sowohl in dem einen, wie auch in dem anderen Falle geschehen kann. Für das Faustpfandrecht ist eine entsprechende gesetzliche Vorschrift in § 777 ZPO. gegeben; ob diese auf andere Fälle, insbesondere auf die Sicherungsübereignung[8]) analog anzuwenden ist, kann hier dahingestellt bleiben. Jedenfalls kann sehr wohl auch in anderen Fällen, insbesondere bei der Sicherungsübereignung, vereinbart werden, daß sich der Gläubiger zunächst an die ihm gestellte Sicherheit halten solle. Ohne eine solche Vereinbarung, welche im Bestreitungsfalle der Schuldner zu beweisen hat, kann der Gläubiger jedoch ohne weiteres nach wie vor seine Forderung geltend machen. Wenn daher, wie allgemein angenommen wird,[9]) der Gläubiger verpflichtet ist, vor Geltendmachung seiner Forderung Befriedigung aus einem ihm zur Sicherheit abgetretenen, gegen einen Dritten gerichteten Anspruch zu suchen, z. B. aus einer ihm erfüllungshalber abgetretenen Forderung gegen einen Dritten, oder aus einem auf ihn indossierten, von einem Dritten akzeptierten Wechsel, so liegt der Grund hierfür nicht darin, daß ihm *erfüllungshalber* geleistet worden ist, sondern vielmehr in einem von ihm mit dem Schuldner stillschweigend abgeschlossenen Vertrag, der ihn zur Einziehung des Wechsels oder der sonstigen Forderung verpflichtet. Durch die Abtretung der Forderung gegen den Dritten und die Übertragung des Wechsels begibt sich der Schuldner der Möglichkeit der Einziehung; zur Einziehung ist von nun an nur der Gläubiger befugt. Diese liegt aber auch im Interesse des Schuldners, das zunächst dahin geht, daß die Bezahlung durch den Dritten erfolgt, das weiterhin aber auch darin besteht, daß der Schuldner möglichst bald und möglichst vollständig von seiner eigenen Verpflichtung befreit werde. Dieses Interesse zu wahren, ist der Gläubiger auf Grund der zahlungshalber erfolgten Annahme der Forderung oder des Wechsels verpflichtet; solange er diese Verpflichtung nicht erfüllt hat, braucht der Schuldner an ihn auf Grund seiner eigenen Verbindlichkeit nicht zu leisten. (Welche Schritte der Gläubiger, dem sein Schuldner einen Wechsel gegen Dritte übertragen hat, zu unternehmen verpflichtet ist, ob er ihn nur zu protestieren braucht oder auch einklagen muß, kann hier dahingestellt bleiben). Muß also in solchen Fällen der Gläubiger zunächst aus der ihm abgetretenen Forderung (bzw. Wechselforderung) Befriedigung suchen, so ist dies eine ganz besondere Rechtsfolge, welche sich daraus ergibt, daß der Gläubiger einen Anspruch gegen einen Dritten erfüllungshalber angenommen

---

8) Vgl. Staub, HGB. 10. Aufl. Bd. II S. 438 Anm. 29.

9) Vgl. RGRKomm. 3. Aufl., 1921, zu § 364 Abs. II S. 469; Staub-Stranz, WO .3. Aufl., 1921, S. 288 Anm. 25; Gruchot Bd. 56 S. 103 und RG. Bd. 65 S. 81 u. a.

hat. Diese Verpflichtung besteht also nicht, wenn der Schuldner lediglich eine eigene neue Verbindlichkeit begründet hat, denn in diesem Falle kann es ihm ja einerlei sein, ob er auf Grund der alten oder der neuen Schuld belangt wird.

Was nun die G. betrifft, so ist sie in dem Regelfall sowohl zur Sicherheit des Gläubigers, wie auch „zahlungshalber" für ihn errichtet. Sicherheit ist sie deshalb für ihn, weil er sich unmittelbar an das Grundstück halten kann und dieses ihm vor den anderen Gläubigern vorzugsweise verhaftet ist; „zahlungshalber" ist sie deshalb errichtet, weil sich der Gläubiger aus ihr befriedigen kann, und weil seine persönliche Forderung erlischt, soweit er die G. realisiert. Wie jedoch der Gläubiger, welchem der Schuldner einen Wechsel ausgestellt oder ein abstraktes Schuldversprechen gegeben hat, nach wie vor die ursprüngliche kausale Forderung geltend machen kann, so kann dies der Gläubiger ebenso, wenn ihm für seine persönliche Forderung eine G. errichtet ist. Auch hier fehlt ein stillschweigender Vertrag, auf Grund dessen sich der Gläubiger zunächst an die G. halten müßte; denn der Schuldner hat kein berechtigtes Interesse daran, daß sich der Gläubiger lediglich an das Grundstück halte. Soll eine derartige Verpflichtung des Gläubigers begründet werden, so muß sie ausdrücklich vereinbart werden. Nicht einmal bei der Hypothek hat der Schuldner das Recht, den Gläubiger auf das Grundstück zu verweisen;[10]) noch viel weniger ist bei der von der Forderung unabhängigen G. der Gläubiger verpflichtet, zunächst aus dieser seine Befriedigung zu suchen. Etwas anderes ist es, wenn der Schuldner dem Gläubiger zum Zwecke der Befriedigung eine ihm zustehende Fremdgrundschuld abtritt. Dann muß der Gläubiger zunächst aus dieser seine Befriedigung suchen und kann seine persönliche Forderung erst in Höhe des Ausfalls geltend machen. Dieser Fall gleicht dem oben erwähnten, daß der Schuldner seinem Gläubiger eine Forderung gegen einen Dritten abtritt, oder einen, von einem anderen akzeptierten Wechsel an ihn weiter giriert. Natürlich kann der Gläubiger genau so jederzeit auf die persönliche Forderung zurückgreifen, wenn nicht der Schuldner selbst, sondern ein anderer ihm die G. errichtet. Die persönliche Schuld erlischt, abgesehen von ihrer unmittelbaren Tilgung, in allen diesen Fällen erst dann, wenn der Gläubiger durch die G. Bezahlung erlangt hat, mag der Schuldner selbst oder ein Dritter die G. bestellt haben. Daraus, daß der Dritte die G. bestellt hat, kann der Schuldner an und für sich keinerlei Rechte zu seinen Gunsten herleiten. Namentlich kann er an sich die Zahlung nicht etwa solange verweigern, bis der Gläubiger auf die G. verzichtet hat; zwar erwirbt der Eigentümer, wie noch zu zeigen sein wird, mit der Tilgung der persönlichen Forderung

[10]) Vgl. Enneccerus-Wolff, Sachenrecht 12./14. Aufl. S. 526 u. 483.

einen Anspruch darauf, daß der Gläubiger auf die G. verzichtet, wollte man indessen bis zur Verzichtserklärung dem persönlichen Schuldner ein Zurückbehaltungsrecht zuerkennen, so würde man ihm gestatten, eine exceptio ex jure tertii geltend zu machen. Dies wäre aber nicht zulässig. Die Rechte, welche der Eigentümer nach Zahlung der G. geltend zu machen befugt ist, stehen dem persönlichen Schuldner nicht zu; ihre Geltendmachung muß vielmehr dem Eigentümer überlassen bleiben. Anders ist dieses aber dann, wenn der persönliche Schuldner dem Eigentümer im Falle der Geltendmachung der G. Ersatz leisten muß. (Wann dies der Fall ist, soll unten im § 13 gezeigt werden.) Alsdann ist es das eigene Recht des persönlichen Schuldners, zu verhüten, daß nicht auf seine Kosten der Gläubiger zweimal zu seinem Gelde kommt, und zwar sowohl durch die Tilgung der persönlichen Schuld, wie auch durch Einziehung der G., für welche der persönliche Schuldner Ersatz leisten müßte. In diesem Falle kann daher der persönliche Schuldner verlangen, daß der Gläubiger auf die G. verzichtet, bzw. ihm die zum Nachweis erforderlichen Urkunden aushändigt. Nur gegen Vornahme dieser Rechtsänderung ist er alsdann zu leisten verpflichtet; denn nur so kann er seine nochmalige Inanspruchnahme vermeiden. Dies ergibt sich aus § 1167 in Verb. mit § 1144 BGB. Obwohl in § 1167 nur von der Hypothek die Rede ist, so ist er doch auch auf die Sicherungsgrundschuld entsprechend anzuwenden.[11]) Die Voraussetzung des § 1167, daß der persönliche Schuldner ein rechtliches Interesse an der Berichtigung des Grundbuchs hat, ist insofern gegeben, als er die seine eigene Ersatzpflicht wiederum begründende Geltendmachung der Grundschuld zu verhindern berechtigt ist. Der Gläubiger ist im übrigen auch berechtigt, die G. aufzugeben oder ihren Rang zu ändern, ohne daß dadurch seine persönliche Forderung beeinträchtigt würde. Der § 1165 BGB., welcher lediglich für die mit einer persönlichen Forderung verknüpfte Hypothek gilt, ist auf die G. nicht anzuwenden. Hatte indessen der persönliche Schuldner selbst die G. bestellt und ist alsdann das Eigentum am Grundstück auf einen Dritten übergegangen, so braucht der persönliche Schuldner nur gegen Rückübertragung der G. zu bezahlen, sofern diese nicht bereits ausgefallen ist. Mit einem bloßen Verzicht braucht sich der Schuldner hier nicht zu begnügen (vgl. unten § 12). Hat in einem solchen Fall der Gläubiger die Grundschuld aufgegeben, oder ihren Rang verschlechtert, so scheitert seine persönliche Forderung an der Unmöglichkeit, seine Verpflichtung zur Rückübertragung der G. zu erfüllen und das Zurückbehaltungsrecht des persönlichen Schuldners zu beseitigen. (Vgl. Bolze Bd. 4 Nr. 554 für den Wechsel).

---

11) Vgl. Biermann, SR. Erl. 1 b zu § 1191; Planck, SR. S. 991 Anm. 5 u. S. 1125 Anm. 6e; Kretzschmar in ZBlFG. 13 S. 7.

Wenn nun auch im übrigen der Gläubiger nach wie vor die persönliche Forderung geltend machen kann, so ist damit aber nicht gesagt, daß sie nicht auch in ihrem Inhalt durch die Bewilligung der G. geändert werden kann. Ist z. B. der Termin für die Fälligkeit der G. hinausgeschoben, insbesondere für die G. eine Kündigungsfrist vereinbart, so ist regelmäßig anzunehmen, daß damit auch die persönliche Schuld gestundet sein, bzw. daß die vereinbarte Kündigungsfrist auch für die G. gelten soll.[12] Ob diese Regel auch dann anzuwenden ist, wenn die G. von einem Dritten bestellt wird, ist von Fall zu Fall zu entscheiden, die Sachlage kann hier natürlich so sein, daß der Gläubiger dem dinglichen Schuldner Stundung und Kündigungsfristen gewähren will, nicht aber dem persönlichen Schuldner.[13]

§ 5.

Das Fehlen der vorausgesetzten persönlichen Forderung.

Sowohl Hypothek wie G. haben, wie bereits hervorgehoben, den Zweck, den Gläubiger wegen einer persönlichen Forderung zu sichern. Diese bildet bei beiden den Rechtsgrund für ihre Errichtung. Bei beiden ist es aber denkbar, daß die Forderung, zu deren Sicherheit sie bestellt sind, nicht zur Entstehung gelangt. Die Sicherheit in Gestalt der Hypothek oder G. kann bestellt sein für eine Forderung, deren Entstehung erst in Zukunft erwartet wird, z. B. für ein Darlehen, das erst später gewährt werden soll. Ist die erwartete zukünftige Forderung nicht entstanden, z. B. weil das Darlehen nicht ausgezahlt worden ist, so ist die Hypothek bzw. G. nicht valutiert. Oder aber es ist bei Bestellung der Sicherheit eine bereits bestehende Forderung vorausgesetzt worden; die Forderung besteht aber tatsächlich nicht, weil der Vertrag, durch den sie begründet werden sollte, nichtig ist. Die Nichtigkeit kann auf einem Verstoß gegen die guten Sitten, oder gegen ein gesetzliches Verbot, ferner auf § 306 BGB. usw. beruhen, aber auch auf einer Anfechtung des die Forderung begründenden Rechtsgeschäfts wegen Zwangs, Irrtums und Betrugs; denn auch in diesen Fällen liegt ja schließlich eine von Anfang an wirkende Nichtigkeit vor.[1]) Die sicherzustellende Forderung kann weiterhin wegen Formmangels nichtig sein z. B. bei einem formlosen Schenkungsversprechen, und schließlich können G. und Hypothek — erstere wegen der notwendigen Ausschaltung des kausalen Schuldgrundes hierzu ganz besonders geeignet — auch für eine Spielschuld aus § 762 BGB. oder für einen Ehemäklerlohn aus § 656 BGB. begründet werden. End=

---

[12]) JW. 1887 S. 20/21 Nr. 28.

[13]) Für den Wechsel vgl. hierzu Staub=Stranz, WO. 1921 S. 290 Anm. 31.

[1]) Vgl. bei Anfechtung gem. § 119 ff. BGB.; Schreiber in Gruchot Bd. 52 S. 515.

lich kann die G. wie auch die Hypothek zur Sicherung irgendeiner nicht bestehenden Forderung bestellt sein, deren Bestand die Beteiligten irrtümlich vorausgesetzt haben. In allen diesen Fällen ist der abstrakte dingliche Vertrag trotzdem rechtsgültig und das Grundstück ist mit dem Grundpfandrecht belastet; bei der Hypothek bestimmt indessen § 1163 Abs. I S. 1 BGB., daß sie (als Eigentümergrundschuld) dem Eigentümer zusteht, wenn die Forderung, für welche sie bestellt ist, nicht zur Entstehung gelangt. Diese Vorschrift ist aber im Gegensatz zu der hier und da vertretenen Gegenansicht[2]) auf die G. nicht anzuwenden. Der § 1163 BGB. gehört zu denjenigen Vorschriften im Sinne des § 1192 BGB., welche den Bestand einer Forderung voraussetzen und die daher nur für die an eine Forderung angelehnte Hypothek gelten, nicht aber auf die von der Forderung unabhängige G. angewandt werden können.[3]) Die G. ist daher trotz Fehlens der persönlichen Forderung zur Entstehung gelangt und zwar als Fremdgrundschuld. Ihr Unterschied von der Hypothek besteht gerade darin, daß sie in ihrem Bestand und Inhalt von der persönlichen Forderung unabhängig ist. Demnach kann der Gläubiger trotz Fehlens der persönlichen Forderung die G. geltend machen. Die Tatsache, daß jedoch der Rechtsgrund für ihre Errichtung fehlt, ist nicht bedeutungslos. Vielmehr ist der Grundschuldgläubiger in diesen Fällen gemäß § 812 BGB. obligatorisch verpflichtet, den Erwerb der G. wieder rückgängig zu machen. Der Gläubiger hat auf Kosten des Bestellers die G. ohne Rechtsgrund erlangt, wenn die vorausgesetzte persönliche Forderung nicht besteht; oder aber der mit ihrer Bestellung bezweckte Erfolg ist nicht eingetreten, wenn die vorgesehene künftige Valutierung der G. nicht erfolgt ist. Wie bereits oben ausgeführt, so ist die Bestellung der G. eine Leistung des Eigentümers an den Gläubiger. Sie begründet für diesen einen dinglichen Anspruch, vermindert das Vermögen des Bestellers und gewährt dem Gläubiger ein Recht, das er vorher nicht hatte. Dieser hat also durch die Errichtung der G. von dem Eigentümer, d. h. durch seine Leistung und auf seine Kosten, etwas erlangt. Im übrigen ergibt sich auch aus § 812 Abs. 2 BGB., daß unter einer Leistung im Sinne des Abs. 1 auch die Errichtung einer G. zu verstehen ist. Denn wenn selbst die Anerkennung einer Verbindlichkeit als eine Leistung zu betrachten ist, so muß dieses von der Errichtung der G. erst recht gelten, da diese ja noch viel wirkungsvoller in das Vermögen des Schuldners eingreift. Ebenso wie gemäß § 812 BGB. eine Eigentumsübertragung wieder rückgängig zu machen ist, wenn

---

[2]) Vgl. Oberneck, Reichsgrundbuchrecht 1909 Bd. II § 163 Nr. 4 d S. 470; Jaeckel in Gruchot Bd. 50 S. 603; Dernburg III § 246 I 5; Güthe in DJZ. 1908 S. 229; Kohler, Bürgerl. Recht Bd. II, 1919, S. 395 ff., 420, 422; OLGRspr. Bd. 9 S. 380.

[3]) Vgl. Planck Bd. III S. 1123 Anm. 6 und die dort zit.

sie ohne rechtlichen Grund erfolgt ist, und ebenso wie der übergebene Wechsel wieder herauszugeben ist, wenn der Rechtsgrund für seine Hingabe fehlt, so hat auch der Grundschuldgläubiger die G. wieder zurückzugewähren, wenn die causa, d. h. die vorausgesetzte, durch sie sicherzustellende persönliche Forderung aus einem der oben genannten Gründe fehlt. Gemäß § 813 BGB. gilt dies auch dann, wenn der durch die G. zu sichernden persönlichen Forderung eine Einrede entgegenstand, durch welche deren Geltendmachung dauernd ausgeschlossen war, z. B. die Einrede der Rechtskraft, die Einrede der unerlaubten Handlung gemäß § 853 BGB., oder der beschränkten Erbenhaftung (d. h. der beschränkt haftende Erbe hat irrigerweise für eine Nachlaßschuld auf seinem eigenen Grundstück eine G. errichtet, nicht zu verwechseln mit dem Fall des § 1137 Abs. 1 S. 2 BGB.).

In allen diesen Fällen ist die G. gemäß § 812 ff. BGB. zurückzugewähren. Dagegen ist der Berichtigungsanspruch des § 894 BGB. in diesen Fällen nicht gegeben: denn da die G. auch in Ermangelung der persönlichen Forderung zu Recht besteht, so fehlt es an der Voraussetzung der Unrichtigkeit des Grundbuchs. Dem Zwecke, die dingliche Rechtsänderung, die ohne rechtlichen Grund vollzogen ist, wieder rückgängig zu machen, dienen lediglich die schuldrechtlichen Vorschriften der §§ 812 ff. BGB.

Es fragt sich indessen, ob diesem Anspruch auf Rückgängigmachung der dinglichen Rechtsänderung gewisse Vorschriften entgegenstehen, welche auch sonst bei den Forderungen aus ungerechtfertigter Bereicherung zu beachten sind. Insbesondere bestimmt das Gesetz bei der Spielschuld (§ 762 Abs. 1 Satz 2), dem Ehemäklerlohn (§ 656 Abs. 2 BGB.), daß in diesen Fällen eine Verbindlichkeit zwar nicht begründet ist, daß jedoch das trotzdem Geleistete nicht deshalb zurückgefordert werden kann, weil eine Verpflichtung nicht bestanden hat. Ist als Sicherheit für derartige Ansprüche oder zum Zwecke ihrer Tilgung eine G. bestellt worden, so ist zu prüfen, ob diese der Rückforderung aus § 812 BGB. trotzdem unterliegt. Diese Frage ist aber zu bejahen. Die G. ist zwar, ebensowohl wie der Wechsel, als eine Leistung zu betrachten, aber sie ist nicht die Leistung, welche in den erwähnten gesetzlichen Vorschriften gemeint ist; denn hier soll unter der Leistung die ganze oder teilweise Tilgung der natürlichen Verpflichtung verstanden werden, nämlich die endgültige Zuwendung dessen, was der andere zu bekommen hätte, wenn der Vertrag gültig wäre. Durch die Bestellung der G. erlangt aber der Gläubiger dasjenige noch nicht, was er auf Grund des nichtigen Vertrags — seine Gültigkeit vorausgesetzt — bekommen müßte; die dadurch begründete Naturalobligation wird hier erst dadurch erfüllt, daß er die Geldsumme *erhält*, sei es durch Befriedigung aus dem Grundstück, oder durch freiwillige Zahlung des Eigentümers. Erst *dann* ist die

Rückforderung des Geleisteten d. h. der durch die G. bereits in seinen Besitz übergegangenen Geldsumme ausgeschlossen. Anders verhält sich dies jedoch, wenn die G. zwar bestellt, der Gläubiger aber daraus noch nicht befriedigt ist: in den Fällen der §§ 656 und 762 BGB. ist in Abs. 2 gesagt, daß auch durch Eingehen einer Verbindlichkeit, insbesonders eine Schuldanerkenntnis zum Zwecke der Erfüllung der Naturalobligation, eine Verpflichtung nicht begründet wird. Diese Bestimmung ist auch auf die G. anzuwenden. Wenn auch das dingliche Recht für den Gläubiger begründet worden ist, so ist dennoch der Schuldner (Eigentümer) nicht verpflichtet, dem Gläubiger die Geltendmachung des dinglichen Anspruchs zu gestatten, er braucht nicht seine Befriedigung aus dem Grundstück zu dulden. Ebensowenig wie bei einem Schuldanerkenntnis, so wenig soll sich aus der G. der Gläubiger dasjenige beschaffen können, was ihm nicht geschuldet ist. Im öffentlichen Interesse hat der Gesetzgeber derartige Ansprüche für nicht klagbar erklärt, und diese Vorschrift soll nicht dadurch umgangen werden können, daß für die betreffenden Verbindlichkeiten ein abstrakter Schuldgrund geschaffen wird. Wenn trotzdem ein solcher begründet wird, so kann gleichwohl aus dem neuen Schuldgrund wider den Willen des Schuldners kein Recht hergeleitet werden; dieser kann vielmehr nach den allgemeinen Vorschriften den neuen Schuldgrund kondizieren. Die erwähnten Voraussetzungen sind sowohl bei dem Schuldversprechen, der abstrakten persönlichen Verbindlichkeit, wie auch bei der G., der abstrakten dinglichen Schuld gegeben. Auch aus ihr soll daher der Gläubiger hier materiell keine Rechte herleiten können. Da ihm jedoch das dingliche Recht zusteht, und er dies ohne Rechtsgrund erlangt hat, so kann der Schuldner den Bereicherungsanspruch des § 812 BGB. hier geltend machen. (Abweichend RG. in ZBlFG. 12 S. 237, wonach bei einer Spielschuld die G. nur zurückgefordert werden kann, wenn sie zur Sicherstellung, nicht aber wenn sie zu deren Tilgung bestellt worden ist.) Er ist nicht lediglich auf die noch zu erörternde Klage aus § 1169 BGB. angewiesen. Aus den gleichen Gründen muß auch bei der schenkweise versprochenen Bestellung einer G. gemäß § 518 Abs. 1 Satz 2 BGB. — ebenso wie beim Schuldversprechen — verlangt werden, daß das Versprechen oder wenigstens die Errichtung der G. selbst, in der Form der gerichtlichen oder notariellen Beurkundung geschieht, andernfalls kann der Gläubiger gegen den Willen des Schuldners daraus keine Rechte herleiten; dem Anspruch aus der G. kann der Eigentümer hier die Einrede entgegenhalten, daß die G. zur Sicherung oder in Erfüllung eines formlosen Schenkungsversprechens errichtet sei und mithin des Rechtsgrundes entbehre. Er kann auch mit dieser Begründung die Rückübertragung der G. verlangen und § 518 Abs. 2 BGB. steht dem nicht entgegen, solange nicht die versprochene Leistung gemacht, d. h. solange nicht die Geldsumme aus dem Grundstück an den Gläubiger gezahlt ist. Hat die Begründung der Forderung, welche durch die G. gesichert werden sollte, gegen ein gesetzliches Verbot oder gegen die guten Sitten verstoßen, und fiel hierbei dem Eigentümer gleichfalls ein solcher Verstoß zur Last, so schließt dies gemäß § 817 Satz 2 BGB. den Bereicherungsanspruch auf Rückerstattung der G. nicht aus; denn in der Bestellung der G. ist die Eingehung einer Verbindlichkeit (Realobligation) im Sinne dieser Bestimmung zu erblicken.[4]) Sowohl beim obligatorischen Schuldversprechen (Wechsel), wie hier bei Begründung der dinglichen Schuld muß in gleicher Weise die Absicht des Gesetzgebers verwirklicht werden, daß bei beiderseitigem Verstoß der Gläubiger seinen Anspruch nicht soll durchsetzen können, wenn ihm zum Zwecke der Erfüllung ein neuer, insbesondere ein abstrakter Anspruch bestellt worden ist. Erst wenn auch dieser neue Anspruch erfüllt worden ist, soll, wie sich aus dem letzten Satze des § 817 BGB. ergibt, das Geleistete nicht mehr zurückgefordert werden können. Diese Voraussetzung liegt aber bei der G. erst dann vor, wenn der Gläubiger aus ihr die ihm geschuldete Geldsumme bekommen hat. Einige Schriftsteller[5]) und mit ihnen das Reichsgericht[6]) helfen hier damit aus, daß sie sagen, der Ausschluß des Rückforderungsrechts gemäß § 817 BGB. beziehe sich nur auf das unmittelbar auf Grund des nichtigen Rechtsgeschäfts Geleistete, nicht aber auf die für die Verbindlichkeit bestellte Sicherheit, welche daher trotz § 817 nach § 812 zurückgefordert werden könne. Mögen diese Ausführungen auch zutreffen, so schließt das aber nicht aus, daß für die Grundschuld auch die hier vertretene Ansicht richtig ist. Es hat dies dann zur Folge, daß im Falle des § 817 BGB. die Sicherungsgrundschuld aus beiden Gesichtspunkten kondiziert werden kann. Nach der anderen Ansicht wäre aber die Kondiktion der G. ausgeschlossen, wenn diese hinsichtlich der betreffenden (nichtigen) Verbindlichkeit an Erfüllungs Statt gegeben wäre oder wenn diese Verbindlichkeit gerade die Errichtung der G. zum Inhalt gehabt hätte; denn dann wäre sie eben kein Sicherungsrecht. In diesem Fall führt also die Gegenansicht nicht zum Ziel, sie erfüllt nicht den Zweck des Gesetzes, daß auch bei beiderseitigem Verstoß gegen die guten Sitten usw. der Gläubiger seinen noch nicht voll verwirklichten Anspruch nicht soll durchsetzen können. Dieser Zweck wird nur dann erreicht, wenn man den Ausnahmefall des § 817 Satz 2 BGB. auch auf die G. anwendet.

Was ferner den § 814 BGB. betrifft, so wird durch diese Vorschrift der Rückforderungsanspruch nur bei der reinen condictio

[4]) A. A. RGRKomm. S. 599, RG. 63 S. 188 u. 73 S. 143; Warneyer 1908 Nr. 10 und Gruchots Beiträge 62 S. 112; LZ. 18 S. 204 u. a.

[5]) Staudinger 7./8. Aufl. S. 1670 Anm. 2 am Schluß; RGRKomm. Anm. 4 zu § 817.

[6]) RG. Bd. 67 S. 326; JW. 1912 S. 362 und 1921 S. 461 Nr. 4.

indebiti ausgeschlossen.[7]) Dieser Paragraph findet an sich auch Anwendung, wenn die G. als indebitum geleistet worden ist, und deshalb zurückverlangt wird. Bei den übrigen Bereicherungsansprüchen, wie sie vorwiegend in diesem Zusammenhange in Betracht kommen, scheidet der § 814 BGB. jedoch aus, da es sich bei ihnen nicht um die reine condictio indebiti handelt. Ist die G. für eine bereits verjährte Forderung bestellt, so kann ein Anspruch auf Rückübertragung nicht mit der Begründung erhoben werden, daß zur Zeit ihrer Bestellung die Forderung nicht mehr bestanden habe. Dies ergibt sich zunächst aus § 814 BGB. insofern, als die Leistung dann einer sittlichen Pflicht und einer auf den Anstand zu nehmenden Rücksicht entspricht, es ergibt sich aber auch aus § 222 Abs. 2 BGB., worin bestimmt ist, daß in einem derartigen Falle ein vertragsmäßiges Anerkenntnis nicht kondiziert werden kann.

Von den vorgenannten Fällen der Nichtigkeit der zugrunde liegenden Forderung ist der andere Fall wohl zu unterscheiden, daß die Einigung selbst, d. h. der dingliche Vertrag, durch welchen die G. bestellt wird, nichtig ist, z. B. wenn auch die Einigung wegen Irrtums, arglistiger Täuschung, Zwanges usw. angefochten wird. Alsdann ist die G. in Wirklichkeit nicht errichtet und das Grundbuch ist unrichtig geworden (§ 894 BGB.). Dieser Fall bedarf in vorliegendem Zusammenhange keiner besonderen Erörterung.

§ 6.
Die wucherische Grundschuld.

Die Nichtigkeit eines Rechtsgeschäfts wegen Wuchers ist eine Unterart der Nichtigkeit wegen Verstoßes gegen die guten Sitten. In ihrer Auswirkung geht die Nichtigkeit wegen Wuchers gemäß § 138 Abs. 2 BGB. jedoch weiter als diejenige wegen allgemeinen Verstoßes gegen die guten Sitten nach Abs. 1. Dieses offenbart sich in der Einwirkung der Nichtigkeit des obligatorischen Kausalvertrages auf das zum Zwecke seiner Erfüllung vorgenommene dingliche Rechtsgeschäft. Ist ein obligatorischer Vertrag wegen Verstoßes gegen die guten Sitten nichtig, so ist das zu seiner Erfüllung vorgenommene dingliche Rechtsgeschäft, z. B. die Eigentumsübertragung, die Nießbrauchs- oder Grundschuldbestellung, die Abtretung eines Rechts, trotzdem rechtsgültig; dies sind sachenrechtliche Rechtsgeschäfte, welchen ob ihrer abstrakten Natur nichts

[7]) Vgl. Staudinger 7./8. Aufl. Anm. 1a zu § 814 am Schluß, RG. Bd. 71 S. 316, JW. 1909 S. 461 u. a.

[1]) Vgl. Enneccerus Bd. 1, 1913, § 178 II 3; Eccius DJZ. 1903 S. 42; v. Tuhr, Arch. ziv. Pr. Bd. 120 S. 171, RG. Bd. 63 S. 184 und 371, Bd. 68 S. 100, Bd. 73 S. 143, Bd. 75 S. 74, Bd. 78 S. 285, LZ. Bd. 20 S. 795; Warneyer Bd. 20 S. 17 u. a.

sittenwidriges anhaftet.[1]) Auf Einzelheiten, insbesondere auch auf die entgegenstehenden Meinungen kann hier nicht eingegangen werden (vgl. neuerdings Wüstendörfer in Arch. ziv. Pr. Bd. 110 S. 238, Rumpf, daselbst Bd. 117 S. 315). Die Streitfrage, ob Wechsel und sonstige abstrakte Schuldversprechen von der Nichtigkeit des zugrunde liegenden Kausalgeschäfts mit ergriffen werden — so RG. Bd. 63 S. 371, Bd. 64 S. 146, Bd. 71 S. 432 —, oder lediglich der Kondiktion aus § 817 BGB. unterliegen, kann hier gleichfalls dahingestellt bleiben. Bei dem wucherischen Rechtsgeschäft im Sinne des § 138 Abs. 2 BGB. wird jedenfalls im Gegensatz zu dem Rechtsgeschäft, das wegen eines sonstigen Verstoßes gegen die guten Sitten nichtig ist, auch das dingliche Erfüllungsgeschäft durch die Nichtigkeit mit ergriffen,[2]) und zwar gilt dies hier nicht nur von dinglichen Rechtsgeschäften, sondern auch von abstrakten Schuldversprechen und Wechseln, die zwecks Erfüllung der wucherischen Forderung gegeben werden.[3]) Diese Rechtsfolge ergibt sich aus dem Wortlaut des Gesetzes, wonach nach § 138 Abs. 2 BGB. nicht nur das Versprechen, sondern auch das Gewähren wucherischer Vermögensvorteile nichtig sein soll. Bei Prüfung der Frage, ob die wucherische G. nichtig ist, oder wegen Nichtigkeit des zugrunde liegenden Kausalgeschäfts lediglich der Kondiktion unterliegt, ist also davon auszugehen, ob schon in der Bewilligung der G. die Gewährung des Vermögensvorteils im Sinne des § 138 Abs. 2 BGB. zu erblicken ist, oder ob diese Voraussetzung erst mit dem Empfang der Geldsumme durch den Gläubiger gegeben ist. Zweifellos ist in der Errichtung der G. die Gewährung eines Vermögensvorteils an den Gläubiger nach § 138 Abs. 2 dann zu erblicken, wenn in einem Vertrag die Bestellung einer G. schlechthin gegen Leistung einer Geldsumme versprochen wird, so daß die G. lediglich die Gegenleistung bildet, mithin die G. sozusagen gekauft wird. Alsdann ist durch das Rechtsgeschäft Leistung gegen Gegenleistung versprochen und wenn diese — von denen die eine die G. bildet — in auffälligem Mißverhältnis zueinander stehen und im übrigen die Voraussetzungen des Wuchers vorliegen, so ist auch die G.-bestellung als Gewährung des Vermögensvorteils nichtig. In den meisten Fällen jedoch bildet die G. nicht die Gegenleistung für die Leistung des Gläubigers, sie bezweckt vielmehr als Sicherungsgrundschuld lediglich die Sicherstellung seiner Gegenforderung. Der dingliche Vertrag, durch welchen die G. errichtet wird, stellt sich zwar auch als die Gewährung eines Vermögensvorteils dar, aber diese erfolgt alsdann nicht im Rahmen des

[2]) Vgl. RG. Bd. 57 S. 95, Bd. 75 S. 78, Bd. 93 S. 75; Staudinger 7./8. Aufl., II, Anm. 4a zu § 138.

[3]) Vgl. Recht 1908 S. 190 Beil. 2, Recht 1916 Nr. 336; Bolze 1916 Nr. 288; RG. Bd. 72 S. 216; Rümelin in Arch. ziv. Pr. Bd. 98 S. 271 ff.; Staudinger 7./8. Aufl., IV, zu a 780 u. a.

wucherischen Rechtsgeschäfts, sondern durch einen besonderen, von diesem unabhängigen Vertrag, dem Pfandbestellungsvertrag. In letzterem stehen sich nicht mehr Leistung und Gegenleistung gegenüber, diese bilden vielmehr allein Inhalt und Gegenstand des vorausgegangenen Kausalgeschäfts. Die Gewährung der in dem wucherischen Vertrag versprochenen Vermögensvorteile, d. h. der Gegenleistung, erfolgt nicht in Form der Errichtung einer G., sondern erst durch die Auszahlung der geschuldeten Geldsumme, welche durch die G. nur sichergestellt werden soll. Erst in der Auszahlung der dem Gläubiger versprochenen Geldsumme ist die wucherische Gegenleistung zu erblicken, welche das Gesetz verhindern will. Das Versprechen der Gegenleistung liegt in dem obligatorischen Vertrag, die Gewährung liegt in der Abführung der Geldsumme an den Gläubiger, der dingliche Vertrag der Grundschuldbewilligung geht daneben her. Mithin ist in dem Regelfall die G. für den eingetragenen Gläubiger in rechtsgültiger Weise auch dann bestellt, wenn die Forderung, zu deren Sicherstellung sie dient, durch ein wucherisches Rechtsgeschäft begründet worden ist. Da aber die Forderung infolge Nichtigkeit des Vertrags nicht zur Entstehung gelangt ist, so hat der Gläubiger die dafür bestellte G. ohne rechtlichen Grund von dem Eigentümer erlangt, er ist also um sie grundlos bereichert im Sinne des § 812 BGB. (Warneyer 1913 Nr. 353).

§ 7.

Nachträglicher Wegfall der persönlichen Forderung.

Wie bei ihrer Begründung, so ist auch in ihrem Fortbestande die G. von der persönlichen Forderung unabhängig. Sie besteht als dingliches Recht mithin auch dann weiter fort, wenn die persönliche Forderung aus irgend einem Grunde wegfällt. (Eine Ausnahme ist in § 17 Abs. 2 des Reichsheimstättengesetzes vom 10. Mai 1920 bestimmt.) Wie der § 1163 Abs. 1 Satz 1, so ist auch der Satz 2 dieses Paragraphen auf die G. nicht anzuwenden, er gehört zu denjenigen Bestimmungen, welche allein für die eine persönliche Forderung voraussetzende Hypothek gelten. Mit dem Erlöschen der Forderung wird also die G. nicht Eigentümergrundschuld, sie steht vielmehr nach wie vor als Fremdgrundschuld dem Gläubiger zu, der zu ihrer Geltendmachung legitimiert ist. Dies gilt in erster Linie dann, wenn das Erlöschen der persönlichen Forderung auf dem Verzicht des Gläubigers beruht. Bei der Hypothek bewirkt ein derartiger Verzicht auf die persönliche Forderung, daß die Hypothek als G. auf den Eigentümer übergeht. Bei der G. kann hiervon keine Rede sein. Im Gegenteil: aus der Tatsache, daß persönlicher und dinglicher Anspruch unabhängig von einander bestehen, ergibt sich, daß der Gläu=

biger auf die persönliche Forderung verzichten, die G. aber beibehalten kann, ebenso wie auch der Wechselgläubiger unbeschadet seines Anspruchs aus dem Wechsel auf die zugrunde liegende Kausalforderung verzichten kann. Sind allerdings bei der G. persönlicher und dinglicher Schuldner identisch, so wird sich der Verzicht auf die Forderung in der Regel auf die G. miterstrecken; dieser begründet alsdann, da sich der Verzicht auf die G. nur in der Form des § 1168 Abs 2 BGB vollzieht, zunächst eine obligatorische Verpflichtung zur Aufgabe der G. (vgl. unten § 8). Notwendig ist diese Absicht jedoch nicht und insbesondere ist dies nicht anzunehmen, wenn persönlicher und dinglicher Schuldner verschiedene Personen sind.

Die persönliche Forderung kann aber auch durch Bezahlung, Aufrechnung oder durch Konfusion — vgl. § 1164 Abs. 2 BGB. — erlöschen. Wenn sie auf diese Weise bei Identität des dinglichen und des persönlichen Schuldners erlischt, so wird sie Eigentümergrundschuld. Bei der Konfusion erwirbt der Eigentümer die G. bereits durch den diese begründenden Rechtsvorgang, aber auch in den beiden anderen Fällen erwirbt der Eigentümer die G.; denn wenn er den Gläubiger bezahlt oder gegen ihn aufrechnet, so will er damit nicht nur seine persönliche Schuld, sondern auch die G. tilgen, und wenn der Eigentümer die G. tilgt, so geht sie kraft Gesetzes, wie sich aus §§ 1144, 1192 BGB. ergibt,[1]) auf ihn über. Anders liegt die Sache, wenn persönlicher und dinglicher Schuldner verschiedene Personen sind. Erlischt alsdann die Forderung in der erwähnten Weise, so wird die G. niemals Eigentümergrundschuld, sie steht vielmehr, weil sie von der Forderung unabhängig ist, nach wie vor dem Gläubiger zu. Es ist indessen oben bereits ausgeführt, daß die persönliche Forderung für die Bestellung der G. die Causa, den Zweck bildet, ebenso wie bei der Eigentumsübertragung der zugrunde liegende Kausalvertrag. Dieser rechtliche Grund, d. h. dem Gläubiger zur Befriedigung wegen seiner Forderung zu dienen, ist nun mit dem Erlöschen der persönlichen Forderung weggefallen. Mithin sind die Voraussetzungen des § 812 Abs. 1 Satz 2 BGB. gegeben. Das gleiche gilt, wenn die persönliche Forderung dadurch wegfällt, daß der vorbehaltene Rücktritt von dem Kausalvertrag erklärt wird, oder daß der Kaufvertrag, auf welchem sie beruht, gewandelt wird (ebenso durch Minderung des Kaufpreises, durch Herabsetzung der Vertragsstrafe), wie noch zu zeigen sein wird. In allen diesen Fällen besteht für den Eigentümer lediglich ein obligatorischer Anspruch auf Rückerstattung der G. Der Anspruch ist hier jedoch in erster Linie ein kontraktlicher. (Vgl. unten S. 26.)

Steht der Forderung lediglich eine Einrede entgegen, so kommt dieses der G. gegenüber zunächst nicht in Betracht. Dies

[1]) Vgl. RG. Bd. 78 S. 68.

gilt namentlich von den dilatorischen Einreden, auch von derjenigen, welche der Eigentümer gemäß § 1137 Satz 1 BGB. dem Hypothekgläubiger entgegenhalten kann. Aber auch die der persönlichen Forderung entgegenstehende peremptorische Einrede, erstreckt sich, wenn sie nachträglich entsteht, nicht ohne weiteres auch auf die G. (Anders, wenn die Einrede von vornherein bestand; vgl. oben § 5 S. 18.) Ist z. B. der Gläubiger wegen seiner persönlichen Forderung rechtskräftig abgewiesen, so steht darum seinem dinglichen Anspruch aus der G. nicht die Einrede der Rechtskraft entgegen, er kann vielmehr nach wie vor diesen Anspruch geltend machen.[2])

Daß die Verjährung der persönlichen Forderung das dingliche Recht des Grundschuldgläubigers nicht beeinträchtigt, ergibt sich ohne weiteres aus § 223 Abs. 1 BGB.

§ 8.

Die Beseitigung einer unrechtmäßig bestehenden Grundschuld.

Ist eine G. eingetragen, jedoch aus irgend einem Grunde nicht zur Entstehung gelangt, sei es, daß es an der Einigung fehlt, oder daß diese nichtig ist (z. B. wegen Wuchers oder infolge Anfechtung wegen arglistiger Täuschung usw.), so ist der Berichtigungsanspruch des Eigentümers aus § 894 BGB. gegeben. Dieser Fall steht jedoch hier nicht zur Erörterung. Es handelt sich hier darum, daß die G. besteht bzw. fortbesteht, ihre Existenz indessen den persönlichen Rechtsbeziehungen der Beteiligten zueinander infolge Fehlens der zugrunde liegenden Forderung nicht oder nicht mehr entspricht. Da die G. dem Gläubiger zusteht, so ist das Grundbuch in Ordnung, der Gläubiger ist nach wie vor der dinglich Berechtigte. Das materielle Recht verlangt indessen die Beseitigung des Anspruchs des Gläubigers und dessen Rückgängigmachung zugunsten des Eigentümers, so daß auch das formale Recht mit der materiellen Rechtsordnung wieder in Einklang steht. Es handelt sich hier zunächst lediglich um schuldrechtliche Vorschriften, welche den Grundschuldgläubiger persönlich verpflichten, den aus dem Bestande der G. sich zu seinen Gunsten ergebenden Vermögensvorteil wieder auszugleichen.[1]) Diese persönliche Verpflichtung zur Ausgleichung kann bei der G. auf drei Rechtsgründen beruhen und zwar auf Vertrag, auf unerlaubter Handlung und ungerechtfertigter Bereicherung.

[2]) A. A. anscheinend Planck S. 1123 Anm. 6b sowie für die Hypothek S. 868 Anm. 3; vgl. indessen bezüglich der Bürgschaft RG. Bd. 56 S. 110, Bd. 71 S. 59; JW. 1909 S. 419 Nr. 23.

[1]) Planck S. 1113; Warneyer 1913 Nr. 57, 1914 Nr. 292, ZBlFG. 12 S. 237; Eccius bei Gruchot 51 S. 162; Hirschfeld in Gruchot 59 S. 549; Nissen JW. 1906 S. 803; Weidemann DJZ. 1906 S. 1002.

Vertraglich ist der Grundschuldgläubiger zur Aufgabe der G. verpflichtet, wenn diese sich als den Gegenwert für eine andere Leistung auf Grund eines Kaufvertrags (Tauschvertrags) darstellt und der Vertrag gewandelt worden ist. Auch wenn beim Kaufvertrag die Gegenleistung in einer Geldschuld besteht, und der Kaufpreis durch die G. lediglich sichergestellt werden sollte, so ist im Falle der Wandlung des Kaufgeschäfts der Käufer verpflichtet, mit dem Verzicht auf die Kaufpreisforderung gleichzeitig die zu deren Sicherung dienende G. aufzugeben. Ein vertraglicher Anspruch auf Rückgewähr der G. steht dem Eigentümer ferner zu, wenn die persönliche Forderung, zu deren Sicherung die G. dienen sollte, durch Tilgung oder Tilgungssurrogate erloschen ist. Das gilt insbesondere, wenn der Gläubiger auf die persönliche Forderung verzichtet hat, und sich der Verzicht auch auf das dingliche Recht erstrecken soll, was ja nicht gerade notwendig ist (vgl. oben § 7). Der Anspruch auf Aufgabe der G. beruht alsdann auf dem kausalen Verpfändungsvertrag, wie er sowohl bei der G., als auch bei der Hypothek, der Mobiliarverpfändung und schließlich auch bei der Sicherungsübereignung vorliegt. Was namentlich die letztere betrifft, so ist sie gerade in diesem Punkt der Grundschuldbestellung ähnlich. Sowohl das Sicherheitseigentum wie die G. gewähren dem Gläubiger ein dingliches, in seinem Bestande von der persönlichen Forderung unabhängiges Recht; nach außen hin ist der Gläubiger unbeschränkt in der Verwertung seines Rechtes; im Verhältnis zum Schuldner ist er jedoch in beiden Fällen obligatorisch gebunden: wie der fiduziarische Eigentümer über sein Eigentum nur zum Zwecke seiner Befriedigung verfügen darf und nach Tilgung seiner Forderung zur Rückgabe verpflichtet ist, darf auch der Grundschuldgläubiger die G. nur dann und insoweit verwerten oder geltend machen, als ihm eine persönliche Forderung zusteht; nach deren Erlöschen muß er gleichfalls die G. zurückgewähren.[2]) Wie bei der Sicherungsübereignung, so gründet sich auch bei der Sicherungsgrundschuld der Rückerstattungsanspruch auf das fiduziarische Rechtsverhältnis, welches von vornherein die bedingte Verpflichtung zur Wiederaufgabe der G. enthält. (Bei der Hypothek ist für die Annahme eines obligatorischen Anspruchs auf Rückgewähr des Pfandes ex contractu kein Raum mit Rücksicht darauf, daß die Hypothek nach Tilgung der Forderung kraft Gesetzes Eigentümergrundschuld wird.) Der bei der G. vorhandene Anspruch des Eigentümers auf Rückerstattung der G. nach Erlöschen der Forderung beruht ebenso wie bei der Mobiliarverpfändung (§ 1223 BGB.) und der Sicherungsübereignung auf dem kausalen Pfandbestellungsvertrag, welcher schon stillschweigend den Gläubiger

---

[2]) Vgl. für die Sicherungsübereignung insbes. Planck Anm. 5 zu § 930 S. 371; Staub HGB. 10. Aufl. Bd. II S. 436 Anm. 98 und dort zit.

obligatorisch verpflichtet, die Sicherheit nach Beendigung ihres Zweckes zurückzugeben.

Fernerhin kann der Gläubiger auch ex delicto zur Aufgabe der G. verpflichtet sein. Dies ist der Fall, wenn er die G. durch eine unerlaubte Handlung (§§ 823 Abs. 2, 826 BGB.) erlangt hat. Alsdann umfaßt seine Verpflichtung zum Schadensersatz gemäß § 249 BGB. die Pflicht zum Aufgeben der G. Hiervon ist zunächst der Fall zu unterscheiden, daß die unerlaubte Handlung (Zwang, arglistige Täuschung) schon zur Anfechtung der G.-bestellung berechtigt und der Besteller von dem Anfechtungsrecht Gebrauch gemacht hat; denn alsdann ist, wie oben hervorgehoben, die G. als von Anfang an nicht entstanden zu betrachten. Weiterhin kommt in Betracht, ob sich die unerlaubte Handlung nicht ausschließlich auf die persönliche Forderung erstreckt und zur Folge hat, daß allein diese als nichtig zu betrachten ist; in diesem Fall liegt für die G. lediglich der in folgendem zu erörternde Gesichtspunkt der ungerechtfertigten Bereicherung vor.

Die einzelnen Fälle, in denen der Gläubiger um die G. grundlos bereichert ist, sind oben bereits erwähnt: die G. ist eingetragen, aber die persönliche Forderung, zu deren Sicherung sie dienen sollte, ist nicht zur Entstehung gelangt, sei es wegen Nichtigkeit des Vertrags oder aus einem anderen Grunde, insbesondere wegen Nichtauszahlung des versprochenen Darlehens. Alsdann muß der Gläubiger gemäß § 812 BGB. das Erlangte wieder herausgeben, d. h. er muß die G. zurückerstatten. Eine Konkurrenz der verschiedenen Klagegründe miteinander ist auch hier wie in sonstigen Fällen, möglich.

Es fragt sich, worauf in allen diesen Fällen der Klaganspruch des Eigentümers geht. Gemäß § 812 BGB. hat der Gläubiger das Erlangte herauszugeben, die Herausgabe der G. besteht in ihrer Rückübertragung auf den Eigentümer in Form der Abtretung unter Übergabe des etwaigen Grundschuldbriefes. Das Gleiche gilt dann, wenn der Anspruch auf dem Vertrag beruht; auch hier hat sich die Rückerstattung der G. in Form der Übertragung (Zession) an den Eigentümer zu vollziehen. Zweifel bestehen lediglich dann, wenn der Anspruch sich auf eine unerlaubte Handlung stützt, weil alsdann nach § 249 BGB. der frühere Zustand wieder herzustellen ist und man annehmen könnte, daß infolgedessen die G. gelöscht werden müßte. Aber auch in diesem Falle muß der Gläubiger auf Verlangen des Schuldners die G. auf diesen zurück übertragen. Wenn der Eigentümer Rückzession sowohl bei dem stärksten Schuldgrund — dem vertraglichen — wie auch bei dem schwächsten — der ungerechtfertigten Bereicherung — verlangen kann, so muß dies auch für den Schuldgrund der unerlaubten Handlung gelten, der in der Mitte zwischen beiden steht, und den in der Regel der Berechtigte durch den Schuldgrund der ungerechtfertigten Bereicherung ersetzen kann. Außerdem entspricht es allgemeinen Grundsätzen, daß derjenige, der durch eine unerlaubte Handlung etwas erlangt hat, das Erlangte dem Geschädigten wieder herauszugeben hat und zwar in der Gestalt, in der er den Gegenstand erlangt hat. Auch hieraus ergibt sich, daß der Grundeigentümer, welcher ex delicto Aufgabe der G. durch den Gläubiger verlangt, deren Abtretung verlangen kann. Natürlich kann hier überall der Eigentümer auch seinen Anspruch beschränken; er kann anstatt der Rückübertragung verlangen, daß der Gläubiger auf die G. verzichtet, und er kann sich schließlich mit der bloßen Einwilligung in die Löschung der G. begnügen. Beides stellt sich als ein Minus gegenüber dem Anspruch auf Rückzession dar. Der Anspruch des Verzichtes auf die G. hat letzten Endes die gleiche Wirkung wie die Rückzession, denn mit der Erklärung des Verzichtes oder dem entsprechenden Urteil und der Eintragung des Verzichtes im Grundbuch erwirbt der Eigentümer ohnedies die G. als Eigentümergrundschuld (§ 1168 BGB.). Daß im übrigen der Anspruch auf Rückzession zu lauten hat, leuchtet ohne weiteres ein, wenn man den Fall berücksichtigt, daß derjenige, zu dessen Nachteil die G. errichtet worden ist, nicht mehr Eigentümer des belasteten Grundstücks ist. Mit einem bloßen Anspruch auf Verzichtserklärung, welche lediglich dem Grundeigentümer zur Zeit des Verzichts zugute kommen würde, wird die Vermögensverschiebung nicht wieder zu seinen Gunsten ausgeglichen. Zu seinen Gunsten kann der frühere Rechtszustand nur durch eine Abtretung der G. wieder hergestellt werden.

Alle diese Ansprüche stehen jedoch nur demjenigen zu, der die G. bestellt hat, nicht aber einem späteren Erwerber des Grundstücks, es sei denn, daß sie ihm abgetreten sind.[3]) Der kausale Verpfändungsvertrag ist nur zwischen ihm und dem Gläubiger abgeschlossen, der spätere Eigentümer steht als Sondernachfolger in keiner vertraglichen Beziehung zu dem Gläubiger. Ebenso kann der deliktische Anspruch nur für den ursprünglichen Eigentümer begründet sein, denn nur er ist durch die gegen ihn begangene unerlaubte Handlung geschädigt. Auch für den Anspruch aus ungerechtfertigter Bereicherung kommt nur der ursprüngliche Besteller der G. in Betracht; denn nur auf dessen Kosten hat der Gläubiger die Leistung erlangt. Bei dem oben erwähnten kontraktlichen Anspruch auf Grund der Wandlung muß außerdem der Besteller der G. mit dem persönlichen Schuldner identisch sein; ist dies nicht der Fall, so hat der Eigentümer auf Grund der vollzogenen Wandlung lediglich einen Anspruch aus

[3]) Vgl. Planck S. 1124 Anm. 6 b a; Enneccerus-Wolff Bd. III S. 542 Anm. 11 und JW. 1901 S. 464 Nr. 17; RG. Bd. 68 S. 102/3 u. a.

ungerechtfertigter Bereicherung, weil die persönliche Forderung weggefallen ist. Diese Ansprüche richten sich ebenso auch nur gegen den ursprünglichen Gläubiger; gegen den späteren Erwerber der G. gehen sie nur dann, wenn die besonderen Voraussetzungen der unerlaubten Handlung (Erwerb gerade zu dem Zwecke, den Anspruch zu vereiteln!) oder bei der ungerechtfertigten Bereicherung die Voraussetzungen des § 822 BGB. vorliegen. Stützt sich der Rückforderungsanspruch auf grundlose Bereicherung, so gilt natürlich auch die Einschränkung des § 818 Abs. 3 mit der aus den folgenden gesetzlichen Bestimmungen sich ergebenden Maßgabe.

Soweit demnach dem Eigentümer ein Anspruch auf Aufgabe der G. zusteht, kann er dem Gläubiger, wenn dieser sie seinerseits auf dem Wege der Klage geltend macht, eine Einrede entgegenhalten. Hat der Gläubiger die G. durch eine unerlaubte Handlung erlangt, so ergibt sich die Zulässigkeit der Einrede aus § 851 BGB. Beruht sein Anspruch auf dem Tatbestande der ungerechtfertigten Bereicherung, so kann er dem Gläubiger die Einrede nach § 821 BGB. entgegenhalten. Daß diese gesetzlichen Bestimmungen auf die G. anzuwenden sind, nehmen auch diejenigen an, welche ihren Charakter als dinglichen A n s p r u c h bestreiten.[4] Hat er endlich einen vertraglichen Anspruch auf Rückgewähr, dann steht ihm gegen den Gläubiger die Einrede der Arglist nach dem Satze zu: dolo facit, qui petit, quod redditurus est.

Alle diese Einreden, welche dem Eigentümer zustehen würden, wenn der Gläubiger die G. geltend machen würde, gewähren ihm aber auch noch eine für das Grundpfandrecht besonders geschaffene negatorische Klage aus § 1169 BGB. Daß § 1169 BGB. auf Grundschulden Anwendung findet, ist heute allgemein anerkannt.[5]) Obwohl in unseren Fällen bereits nach den allgemeinen gesetzlichen Bestimmungen das materielle Recht mit dem formalen wieder in Einklang gebracht werden kann, so ist darum doch die Klage aus § 1169 BGB. nicht überflüssig. Insbesondere ist dieser Anspruch — abgesehen davon, daß er auch noch für andere hier nicht in Betracht kommende Einreden gegenüber der Hypothek und der G. gilt — in gewisser Beziehung von stärkerer Wirkung als die übrigen Ansprüche. Es ist dinglicher Natur, während die anderen Ansprüche auf Rückgewähr der G. nur obligatorische Wirkung haben. Voraussetzung ist, daß dem dinglichen Recht eine Einrede entgegen gehalten werden kann, auf Grund dessen die Geltendmachung dauernd ausgeschlossen ist; verzögerliche Einreden, insbesondere auch solche aus § 1137 Satz 1 BGB., kommen allerdings nicht in Betracht. Zu den peremptorischen Einreden, die

---

4) Vgl. Biermann, Sachenrecht 1914, Erl. 1 b zu § 1191; Enneccerus-Wolff S. 542, VI, Planck S. 1124 u. a.

5) Vgl. Planck Bd. 3, 1920, S. 969 Anm. 2 c; RG. Bd. 74 S. 213 u. a.

hier in Betracht kommen, gehören aber die oben erwähnten Fälle; sie begründen die Klage aus § 1169 BGB., obwohl diejenigen Voraussetzungen, auf denen die Einrede beruht, auch gleichzeitig an und für sich schon den Anspruch auf Beseitigung der G. gewähren. Das dingliche Recht der G. ist mit einer Einrede behaftet, die gewissermaßen einen ihr innewohnenden Mangel zur Folge hat, auf Grund dessen sich die Geltendmachung des Anspruchs als dauernd unzulässig erweist. Als weiterer Klaganspruch steht daher dem Eigentümer — immer unter der Voraussetzung, daß für ihn die Einrede begründet ist — auch die Klage aus § 1169 BGB. zu. Die dingliche Klage konkurriert in diesen Fällen mit der persönlichen Klage auf Rückerstattung der G. Danach kann der Eigentümer vom Gläubiger verlangen, daß er auf die G. verzichtet; daneben besteht auch hier der Anspruch auf Herausgabe des Grundschuldbriefs; statt des Verzichtes kann er auch seinen Anspruch auf Einwilligung in die Löschung der G. beschränken.[6]) Im Gegensatz zu Planck Anm. 2a sind Rücktritt und vollzogene Wandlung bei der Klage aus § 1169 BGB. nicht auszunehmen; denn worauf die der G. entgegenstehende Einrede beruht, ist gleichgültig.[7]) In den meisten Fällen wird also neben den obligatorischen Ansprüchen auf Rückerstattung der G. auch der Anspruch aus § 1169 BGB. gegeben sein. Alsdann hat aber immer die Klage aus § 1169 BGB. neben den übrigen Ansprüchen noch eine besondere Bedeutung. Diese tritt zunächst im Konkurs des Grundschuldgläubigers in die Erscheinung.[8]) Die Ansprüche aus Vertrag, unerlaubter Handlung und ungerechtfertigter Bereicherung sind rein obligatorischer Natur; sie gewähren daher im Konkurse des G.-gläubigers kein Aussonderungsrecht, und der Anspruch auf Rückgewähr der G. würde lediglich als gewöhnliche Konkursforderung unter Berücksichtigung des § 69 KO. geltend gemacht werden können. Anders verhält es sich mit dem Anspruch aus § 1169 BGB.: die Einreden, welche dem Eigentümer gegen den Gläubiger zustehen, stehen ihm mit derselben Wirkung auch gegenüber dem Konkursverwalter zu; denn dieser ist in die allgemeine Rechtsstellung des G.-gläubigers eingetreten. Auch für den Konkursgläubiger ist daher die Geltendmachung der G. in diesen Fällen dauernd ausgeschlossen. Er ist daher, genau wie der Gläubiger selbst, gemäß § 1169 BGB. verpflichtet, auf die G. zu verzichten, so daß hier zugunsten des Eigentümers ein Aussonderrungsrecht gegeben ist.[9]) Endlich hat die Klage aus

[6]) Vgl. RG. Recht 1918 Nr. 85, Recht 1916 Nr. 1133; LZ. 1916 S. 536, 1917 S. 855 und BayZfR. Bd. 16 S. 68; RG. 86 S. 305.

[7]) Vgl. Cohn in JW. 1902 S. 7; Fuchs, Erl. Nr. 7 zu § 1169; Oberneck Bd. 2 § 156 Nr. 3.

[8]) RG. Bd. 60 S. 247.

[9]) Vgl. Planck S. 997 Anm. 3c; Jäger, KO. 5. Aufl. § 24 Anm. 18 S. 393; Prot. II S. 602.

§ 1169 BGB. dann noch eine besondere Bedeutung, wenn die Ansprüche aus Vertrag (Wandlung), Delikt und grundloser Bereicherung verjährt sind. Da die Einreden unverjährbar sind, so ist auch der aus der Einrede sich ergebende Anspruch auf Verzicht der Verjährung nicht unterworfen, insbesondere auch nicht der 30jährigen.[10] Wie bereits oben hervorgehoben, so richten sich die Ansprüche aus Vertrag, unerlaubter Handlung und ungerechtfertigter Bereicherung grundsätzlich nur gegen den ursprünglichen Gläubiger, während die Klage aus § 1169 BGB. auch gegen den späteren Erwerber der G. gegeben ist (vgl. hierzu § 9).

Bei einer Verurteilung des Gläubigers aus § 1169 BGB. geht die G. mit Rechtskraft des Urteils und Eintragung im Grundbuch auf den Eigentümer über (§ 1168 BGB.).

§ 9.

Rechtsbehelfe gegenüber dem Erwerber der unrechtmäßigen Grundschuld.

Wie oben ausgeführt, so sind die Ansprüche auf Rückübertragung der G. aus Vertrag, unerlaubter Handlung und ungerechtfertigter Bereicherung grundsätzlich nicht gegen den Erwerber gegeben. Der Anspruch aus ungerechtfertigter Bereicherung richtet sich gegen den Sonderrechtsnachfolger des ursprünglichen Gläubigers nur unter den Voraussetzungen des § 822 BGB., d. h. wenn der Gläubiger die G. einem anderen unentgeltlich zugewendet hat, und infolgedessen die Verpflichtung des Gläubigers zur Rückgewährung der G. (d. h. wegen Wegfalls der Bereicherung) ausgeschlossen ist. Diese Voraussetzung kann bei der Verpflichtung zur Rückgewähr aus Vertrag oder unerlaubter Handlung nicht eintreten und zwar auch dann nicht, wenn gleichzeitig der Tatbestand der ungerechtfertigten Bereicherung verwirklicht ist; denn die vertragliche oder deliktische Verpflichtung zur Rückerstattung der G. wird durch die unentgeltliche Weiterveräußerung der G. nicht beseitigt. So ist § 822 BGB. nicht gegeben, wenn die persönliche Forderung getilgt ist und infolgedessen dem Eigentümer ein vertraglicher Anspruch auf Rückgewähr der G. zusteht; fernerhin auch dann nicht, wenn die persönliche Forderung durch Wandlung des Vertrags erlischt. Denn die kontraktliche Verpflichtung des Gläubigers zur Rückerstattung der G. besteht auch dann weiter, wenn er nachträglich unentgeltlich über die G. verfügt hat. Daß derjenige, dessen Verpflichtung sich aus unerlaubter Handlung ergibt, durch die unentgeltliche Weiterveräußerung der G. nicht befreit wird, versteht sich von selbst. Aber auch, wenn der Anspruch auf Rückgewähr auf ungerechtfertigter Bereicherung

[10]) Vgl. hierzu RG. 71 S. 14, 74 S. 294.

beruht, wird der § 822 BGB. nur ausnahmsweise zur Anwendung kommen; denn in der Regel kennt zur Zeit der unentgeltlichen Weiterveräußerung der Gläubiger den Mangel des rechtlichen Grundes; er wird die unentgeltliche Weiterveräußerung für gewöhnlich gerade deshalb vornehmen, weil er den Mangel des rechtlichen Grundes kennt, um dem Schuldner seine Einrede zu vereiteln. Zur Zeit der unentgeltlichen Weiterveräußerung der G. ist also regelmäßig die erschwerte Haftung des Gläubigers aus § 819 und 818 Abs. 4 BGB. bereits eingetreten; seine Haftung besteht daher fort, und der Anspruch gegen den Erwerber der G. aus § 822 BGB. ist also nicht gegeben. Nur dann, wenn er den Mangel des Rechtsgrundes nicht kennt, der Mangel indessen auch nicht auf einem Verstoß gegen ein gesetzliches Verbot oder die guten Sitten zurückzuführen ist, so entfällt seine Verpflichtung infolge Wegfalls der Bereicherung, und dann richtet sich der Anspruch gegen den unentgeltlichen Zessionar. Während also im übrigen die vorerwähnten Ansprüche grundsätzlich gegen den Rechtsnachfolger nicht gegeben sind, verhält es sich mit den Einreden des Eigentümers gegen die G. anders. Sofern dem Eigentümer gegenüber dem Grundschuldgläubiger eine Einrede zusteht (es kommen hier nur die Einreden der unerlaubten Handlung, der ungerechtfertigten Bereicherung und der vertraglichen Verpflichtung zur Rückerstattung in Betracht), so kann er diese Einrede grundsätzlich auch dem Erwerber der G. entgegenhalten. Wenn die Voraussetzungen des § 822 BGB. vorliegen, so ist dies ohne weiteres ersichtlich; denn alsdann hat er gegen den Erwerber sogar den Bereicherungsanspruch. Im übrigen beruht jedoch die Einrede gegenüber dem Erwerber der G. schon allein darauf, daß sie gegenüber dem ursprünglichen Gläubiger begründet war. Daß die vorerwähnten, gegenüber dem ersten Gläubiger begründeten Einreden auch dem neuen Gläubiger entgegengehalten werden können, ergibt sich aus § 1157 BGB., welcher zwar nur von der Hypothek spricht, jedoch, wie heute allgemein anerkannt, auch auf die G. anzuwenden ist. Letzteres ergibt sich einmal daraus, daß in § 1157 BGB. lediglich vom Verhältnis zwischen Eigentümer und Gläubiger die Rede ist, also von bloßen dinglichen Rechtsbeziehungen, die bei der G. genau so bestehen, wie bei der Hypothek. Sodann ergibt sich dies aus dem Zweck der Vorschrift, dem besonderen Rechtsverhältnis zwischen Gläubiger und Eigentümer Einfluß auf das dingliche Recht zu sichern; ein derartiges besonderes Rechtsverhältnis, das den Inhalt des dinglichen Rechts beeinflußt, kann bei der G. in gleicher Weise in Betracht kommen, wie bei der Hypothek. Diese Fragen hängen also nicht damit zusammen, daß das dingliche Pfandrecht auch eine persönliche Forderung voraussetzt (§ 1191 BGB.). Die sämtlichen vorgenannten Ansprüche und die sich daraus ergebenden Einreden sind aber solche Rechtsverhältnisse, welche zwischen dem Eigentümer und dem Grundschuldgläubiger bestehen, wobei es gleichgültig ist, auf welchem Rechtsgrund sie beruhen; sie können namentlich auch aus dem schuldrechtlichen Grundgeschäft herrühren.[1]) Auch dann, wenn man mit Rücksicht darauf, daß die G. als Realobligation zu betrachten ist, die schuldrechtlichen Vorschriften in weitestem Maße heranzieht, so wird man mit dem § 404 BGB. nicht auskommen; denn bei der G. liegt ein dingliches Recht vor, welches schon kraft seines Bestandes den Anspruch begründet; man könnte also an sich annehmen, daß obligatorische Rechtsbeziehungen zwischen Eigentümer und Gläubiger den Rechtsnachfolger nichts angingen; es bedurfte daher einer besonderen gesetzlichen Vorschrift, aus der sich ergibt, daß trotz des dinglichen Charakters des Anspruchs die auf persönlichen Rechtsbeziehungen beruhenden Einreden des Schuldners gegenüber dem bisherigen Gläubiger auch dem neuen Gläubiger entgegengehalten werden können, während die Bedeutung des § 404 BGB. lediglich für das daneben bestehende Schuldverhältnis bestehen bleibt.[2]) Der § 1157 BGB. verschafft also an und für sich den Einreden des Eigentümers gegenüber dem G.-gläubiger auch Wirksamkeit gegenüber dem neuen Gläubiger. Uneingeschränkt gilt dieser Grundsatz jedoch nur bei einem Erwerb durch Gesetz oder Zwangsvollstreckung. Für den rechtsgeschäftlichen Erwerb sind auch auf diese Einreden die Vorschriften über den guten Glauben anzuwenden, wie sich aus § 1157 BGB. in Verbindung mit dem § 892 BGB. ergibt. Kennt daher der rechtsgeschäftliche Erwerber der G. die dem Anspruch entgegenstehenden Einreden nicht, so können sie ihm auch nicht entgegengehalten werden, die Einrede müßte sich denn aus dem Grundbuch oder dem Grundschuldbrief ergeben. Da die Kenntnis der Einrede dem neuen Gläubiger nachgewiesen werden muß — seine Nichtkenntnis wird vermutet —, so ist allerdings die in § 1157 BGB. als Regel hingestellte Vorschrift als die Ausnahme zu betrachten; denn diese Fragen werden meistens nur bei einer rechtsgeschäftlichen Veräußerung der G. auftauchen, und dann wird der Nachweis der Bösgläubigkeit nur ausnahmsweise gelingen. Im übrigen ist auch der schlechte Glaube des Erwerbers als ein zwischen ihm und dem Eigentümer bestehendes Rechtsverhältnis im Sinne des § 1157 BGB. aufzufassen, so daß bei einer Weiterveräußerung der G. durch den

---

[1]) Vgl. Planck S. 952 Anm. 2; RGRKomm. S. 598; Gruchot Bd. 58 S. 1042; Warneyer 1914 Nr. 292; JW. 1901 S. 465 Nr. 17; SeuffArch. Bd. 64 Nr. 94.

[2]) Die rechtliche Konstruktion dieses Übergangs der Einreden hat für die vorliegenden Fragen keine Bedeutung. Vgl. hierüber Ramdohr in Gruchot Bd. 44 S. 361 ff, 375 ff: „Passive Sukzession in die Rechtsstellung des alten Gläubigers"; andere Erklärungen bei Fuchs, Erl. 1 und Turnau-Förster, Erl. 1 zu § 1157 BGB.

Zessionar wiederum die vorstehend entwickelten Grundsätze gelten. Wird mit der G. auch die persönliche Forderung abgetreten und steht beiden die Einrede entgegen, so erwirbt der gutgläubige Zessionar die G. ohne Einrede, während er die persönliche Forderung gemäß § 404 BGB. mit der Einrede behaftet erwirbt.[3]) Der § 1138 BGB. ist auf die G. nicht anzuwenden.

Sind, wie oben ausgeführt, die Ansprüche aus ungerechtfertigter Bereicherung, unerlaubter Handlung und Vertrag auch nicht gegen den Rechtsnachfolger gegeben, so verhält sich dies anders mit der Klage auf Verzichtserklärung aus § 1169 BGB. Dieser Paragraph setzt lediglich voraus, daß gegen den — ursprünglichen oder späteren — Gläubiger eine Einrede begründet ist, welche die Geltendmachung der G. dauernd ausschließt. Sind also die erwähnten Einreden auch gegenüber dem neuen Gläubiger infolge seines bösen Glaubens begründet, so kann der Eigentümer die Klage aus § 1169 BGB. auch gegen ihn anstrengen, d. h. er kann auch von ihm verlangen, daß er auf die G. verzichtet. Das gleiche gilt natürlich, wenn ihm gegenüber eine Einrede aus § 822 BGB. begründet ist.[4])

§ 10.

Sicherung des Eigentümers gegenüber dem gutgläubigen Zessionar.

Wie in § 9 näher ausgeführt, so erleidet die Regel des § 1157 BGB., daß die dem Eigentümer gegen den Gläubiger zustehende Einrede auch dem neuen Gläubiger entgegengehalten werden kann, eine wichtige Ausnahme zugunsten desjenigen, welcher gutgläubig, d. h. ohne Kenntnis der Einrede, die G. durch Rechtsgeschäft erwirbt (§§ 1157 Abs. 2, 892 BGB.). Ist demnach die G. auf einen gutgläubigen Zessionar übergegangen, so ist nicht nur die Einrede des Eigentümers erloschen, sondern auch der Anspruch auf Verzichtserklärung gemäß § 1169 BGB., der ja erst auf der Einrede beruht, ist nicht mehr gegeben, und die G. ist nunmehr wie eine rechtmäßige zu behandeln, da ja der obligatorische Anspruch aus ungerechtfertigter Bereicherung usw. ohnedies nicht gegen den Rechtsnachfolger wirkt. Wie kann sich nun der Eigentümer dagegen schützen, daß ein Dritter gutgläubig die G. erwirbt, daß ihm dadurch seine Einrede abgeschnitten und der Anspruch auf Rückgewähr der G. vereitelt wird. Allerdings ist der Anspruch auf Verzicht nicht eintragungsfähig, weil er sich, wenn die Einrede besteht, unmittelbar aus dem Gesetz ergibt.[1]) In § 1169 BGB. ist auch nichts darüber gesagt, in welcher Weise sich der Eigentümer, dem die peremptorische Einrede zusteht, gegen-

[3]) Enneccerus-Wolff S. 543 Anm. 18.
[4]) RG. Bd. 91 S. 225; Gruchot 58 S. 1042; RG. 78 S. 67.
[1]) Vgl. KGJ. Bd. 33 S. 259 f.

über dem Rechtsnachfolger des Gläubigers schützen kann. Dagegen bestimmt § 1157 BGB., daß, wenn dem Eigentümer auf Grund eines zwischen ihm und dem Gläubiger bestehenden Rechtsverhältnisses eine Einrede zusteht, diese durch Eintragung eines Widerspruchs im Grundbuch gesichert werden kann; denn es ist in § 1157 Satz 2 ausdrücklich auf §§ 894 und 899 BGB. verwiesen, welche die Eintragung eines Widerspruchs zulassen.[2]) Ohne daß man darum auf den Charakter der im § 1157 BGB. erwähnten Einreden einzugehen brauchte (vgl. oben S. 33 in § 9), so ist damit vom Gesetz die Frage entschieden, daß im Falle des § 1169 BGB. der Anspruch durch Eintragung eines Widerspruchs gesichert werden kann. Denn wenn die Voraussetzungen des § 1169 BGB. gegeben sind, so liegen immer auch diejenigen des § 1157 BGB. vor (das umgekehrte ist allerdings nicht der Fall; so umfaßt der § 1157 BGB. auch die verzögerlichen Einreden insbesondere die des § 1137 BGB., welche unter § 1169 BGB. nicht fallen), weil eine Einrede, durch welche die Geltendmachung der G. dauernd ausgeschlossen wird, nur auf einem zwischen dem Eigentümer und dem Gläubiger beruhenden Rechtsverhältnis begründet sein kann, oder aber darauf, daß der spätere Gläubiger eine mit einer solchen Einrede behaftete G. erworben hat. Für die Zulässigkeit des Widerspruchs spricht ferner der Umstand, daß die Klage aus § 1169 BGB. eine negatorische, d. h. dingliche Klage ist, welche darauf beruht, daß auf Grund der — an und für sich eintragungsfähigen — Einreden, die Geltendmachung des formalen Rechts ausgeschlossen ist. Durch das Vorliegen einer solchen Einrede ändert sich der Inhalt des dinglichen Rechtes derart, daß die Änderung des Inhalts seiner Aufhebung nahezu gleichkommt. Diese dingliche Rechtsänderung wird, wie jede andere dingliche Rechtsänderung, lediglich durch Eintragung eines Widerspruchs gegen die Richtigkeit des Grundbuchs sichergestellt. Was nun die Frage betrifft, ob auch eine Vormerkung zur Sicherung der Ansprüche des Eigentümers eingetragen werden kann, so ist diese dahin zu beantworten: Der Anspruch aus § 1169 BGB. ist ein dinglicher, er kann daher an sich durch eine Vormerkung, welche nur obligatorische Ansprüche sicherstellt, nicht gesichert werden. Indessen hat in den meisten der hier in Betracht kommenden Fälle der Eigentümer, wie oben in § 9 näher ausgeführt, auch einen obligatorischen Anspruch auf die Rückübertragung der G. oder auf den Verzicht aus anderen Rechtsgründen, und zwar aus Vertrag, unerlaubter Handlung und ungerechtfertigter Bereicherung. Da diese Ansprüche den Gläubiger obligatorisch zur Rückübertragung, zur Verzichtserklärung oder Einwilligung in die Aufhebung der G. verpflichten, so können sie aus diesem Gesichtspunkte heraus gemäß § 883 BGB. auch durch eine Vor-

[2]) Vgl. KGJ. Bd. 33 A S. 261; OLG. Bd. 18 S. 162.

merkung gesichert werden. Es ist dies darauf zurückzuführen, daß hier meistens dingliche und persönliche Ansprüche zusammenfallen. Diese Voraussetzung liegt allerdings nicht immer vor, wenn auch in den hier zu erörternden Fällen die Einreden des § 1169 BGB. immer unter § 1157 BGB. fallen. Zwar sind außer den oben in § 9 erwähnten Einreden sonstige Einreden, welche die Geltendmachung des Rechts aus der G. dauernd ausschließen, nicht gerade häufig. Ist aber z. B. der Gläubiger mit seiner dinglichen Klage rechtskräftig abgewiesen, so steht ihm die peremptorische Einrede der Rechtskraft entgegen und die Voraussetzungen des § 1169 BGB., d. h. die der dinglichen Klage sind gegeben; es liegt jedoch ein obligatorischer Anspruch des Eigentümers auf Rückübertragung der G. oder Verzicht nicht vor. Der auf der Einrede der Rechtskraft beruhende Anspruch auf Verzicht kann also nur durch einen Widerspruch sichergestellt werden, und eine Vormerkung zur Sicherung dieses Anspruchs ist nicht am Platze. Beruhen aber, wie hier, die Einreden des Eigentümers auf der Nichtexistenz der zugrunde liegenden Forderung, so begründen sie nicht nur den dinglichen Anspruch aus § 1169 BGB., sondern dieselben Tatsachen verpflichten auch den Gläubiger obligatorisch zur Rückübertragung oder zum Verzicht. Der Eigentümer kann sich daher sowohl einen Widerspruch wie auch eine Vormerkung eintragen lassen. Diese konkurrieren hier miteinander.[3]) Auf einfachere Weise kann der Eigentümer die Wirksamkeit seiner Einrede gegenüber dem Zessionar des Gläubigers auch dadurch erreichen, daß ein die Einrede enthaltender Vermerk — auch privatschriftlich — auf den Grundschuldbrief gesetzt wird. Dies ergibt sich daraus, daß § 1157 Satz 2 auf § 1140 BGB. verweist, der auch für die G. gilt. Ist die Einrede aus dem Briefe ersichtlich, so wirkt sie auch gegenüber demjenigen, der sie nicht kennt.[4]) Meistens wird diese Maßnahme jedoch am Widerspruch des Gläubigers, der den Brief in Händen hat, scheitern. Eine Verpflichtung, die Einrede auf dem Brief zu vermerken, besteht für ihn nur im Falle des § 1145 BGB. Der Eigentümer ist daher, wenn er seine Rechte sicherstellen will, regelmäßig auf Vormerkung und Widerspruch angewiesen, die er auch durch einstweilige Verfügung des Gerichts erwirken kann.

---

[3]) Vgl. Biermann, Widerspruch und Vormerkung S. 141; ders., Sachenrecht S. 560; Enneccerus-Wolff S. 501 Note 8.

[4]) Vgl. RGZ. Bd. 33 A S. 261; Planck S. 878 Anm. 3a; Biermann, Erl. 2 zu § 1140; Enneccerus-Wolff S. 494.

§ 11.

Die nicht valutierte Grundschuld im Zwangsversteigerungsverfahren.

Nur ganz kurz soll in diesem Zusammenhange auch noch die stark umstrittene Frage erörtert werden, wie die nicht valutierte G. im Zwangsversteigerungsverfahren zu behandeln ist. Es wird im übrigen auf die zahlreichen diese Fragen behandelnden und zum Teil in anderem Zusammenhang bereits erwähnten Literaturstellen verwiesen.[1]) Nach der Ansicht des RG.[2]) fällt der nicht valutierte Teil des Versteigerungserlöses im Falle des Verzichts durch den Gläubiger an die Nachhypothekengläubiger. Erklärt der Gläubiger lediglich, daß er die G. nicht liquidiere, weil er insoweit Valuta nicht bezahlt habe, so fällt trotzdem der Erlös ihm zu und ist gegebenenfalls für ihn zu hinterlegen, weil in einer solchen Erklärung ein Verzicht oder eine Aufgabe des Rechts nicht zu finden sei (das RG. hat seine in Bd. 60 S. 251 entwickelte Ansicht laut RG.-Bd. 78 S. 63 ff. wohl für den Fall der bloßen Nichtvalutierung, nicht aber für den Fall des ausdrücklichen Verzichts abgeändert). Nach Planck (S. 1124 Anm. d) ist der nicht valutierte Teil des Versteigerungserlöses zugunsten des eingetragenen Gläubigers zu hinterlegen, und dieser ist dann seinerseits zur Herausgabe an den Besteller der G. oder dessen Einzelrechtsnachfolger in den Bereicherungsanspruch obligatorisch verpflichtet,[3]) d. h. der Erlös muß zunächst dem Gläubiger zufallen. Nach der dritten Ansicht[4]) fällt der entsprechende Teil des Versteigerungserlöses an den Grundeigentümer. Nach Wolff a. a. O. gilt dies jedoch nur dann, wenn der Gläubiger auf den Erlös verzichtet, nicht jedoch schon dann, wenn er lediglich die G. deshalb nicht liquidiert, weil die durch sie zu sichernde Forderung nicht oder nicht mehr besteht.

Was zunächst den Standpunkt des RG. betrifft, so ist dagegen folgendes einzuwenden: Die Rechtsfolge, daß der nicht valutierte Teil des Versteigerungserlöses im Falle des Verzichts an die Nachhypothekare fallen soll, steht mit dem im Grundpfandrecht festgelegten Prinzip im Widerspruch, daß ein Aufrücken der nacheingetragenen Gläubiger nicht stattfindet, Hypotheken und Grundschulden vielmehr im Falle eines Verzichtes des Gläubigers (Hypotheken auch beim Wegfall der persönlichen Forderung) zunächst dem Eigentümer zufallen und daß gemäß § 1183 BGB.

---

[1]) Zusammengestellt bei Enneccerus-Wolff S. 546/7 Anm. 6/7/9.

[2]) Vgl. Bd. 55 S. 260, 60 S. 251, 78 S. 63 und 70; Warneyer 1913 Nr. 385; RGRKomm. § 1168 Anm. 1, § 1192 Anm. 1 S. 602.

[3]) Ebenso Fischer-Schäfer, ZVG. 1910 § 14 Erl. 2.

[4]) Insbes. Strohal, Dogm. Jahrb. Bd. 59 S. 176; Enneccerus-Wolff a. a. O. u. a.

zur Aufhebung eines Grundpfandrechts die Zustimmung des Eigentümers erforderlich ist. Wenn das RG. ausführt, daß nach Erlöschen der G. im Zwangsversteigerungsverfahren eine Eigentümergrundschuld nicht mehr entstehen könne, so ist dies zwar richtig; indessen verwandeln sich die Rechte am Grundstück mit dem Zuschlagsbeschluß in entsprechende Rechte am Versteigerungserlös, und was daher vom Grundstück gilt, muß nunmehr vom Versteigerungserlös gelten, soweit nicht durch die Natur der Sachlage die Anwendung der entsprechenden Vorschriften unmöglich ist, wie z. B. die Eintragung im Grundbuch.[5]) Der auf die nicht valutierte G. entfallende Teil des Erlöses kann also nicht gegen den Willen des zur Zeit des Zuschlags eingetragenen Eigentümers (des Vollstreckungsschuldners) an die Nachhypothekare ausbezahlt werden. Planck geht bei seiner Ansicht, daß der Erlös dem Gläubiger zufalle und, wenn dieser ihn nicht liquidiere, für ihn zu hinterlegen sei, von der Begründung aus, die Tatsache der Nichtvalutierung ändere nichts daran, daß trotzdem dem eingetragenen Gläubiger die G. zustehe. Letzteres ist allerdings richtig, d. h. der eingetragene Gläubiger ist, obwohl er die G. nicht valutiert hat, der dinglich Berechtigte, und daher ist er dem Versteigerungsrichter gegenüber zur Einziehung des auf die eingetragene G. entfallenden Erlöses l e g i t i m i e r t, unbeschadet seiner obligatorischen Verpflichtung gegenüber dem Besteller der G. auf Auszahlung des Erlöses an diesen. Hier fragt es sich aber, ob dem eingetragenen Gläubiger der Versteigerungserlös ausbezahlt bzw. für ihn hinterlegt werden soll, o b w o h l e r i h n n i c h t h a b e n w i l l, sei es, daß er ausdrücklich auf den Versteigerungserlös verzichtet hat, oder auch nur, daß er erklärt hat, er liquidiere die G. ganz oder teilweise nicht. In einem solchen Falle wäre es vollkommen zwecklos, den Versteigerungserlös trotzdem an ihn abzuführen oder ihn zu seinen Gunsten zu hinterlegen. So wie der Gläubiger vor dem Zuschlagsbeschluß auf die G. verzichten kann — durch Erklärung gegenüber dem Grundbuchamt und Eintragung im Grundbuch § 1183 Abs. 2 BGB. — so kann er auch nach dem Zuschlagsbeschluß auf seine Rechte durch Erklärung des Verzichtes auf den Versteigerungserlös gegenüber dem Versteigerungsrichter verzichten (eine Eintragung im Grundbuch kann alsdann, wie oben ausgeführt, nicht mehr in Betracht kommen). Das von ihm aufgegebene Recht erwirbt dann in entsprechender Anwendung des § 1168 Abs. 1 der zur Zeit des Zuschlagsbeschlusses eingetragene Grundeigentümer. Ob der Gläubiger obligatorisch verpflichtet war, zugunsten einer anderen Person, insbesondere eines früheren Bestellers der G. auf den Erlös zu verzichten, kommt im Gegensatz zu Planck für den Versteigerungsrichter nicht in Betracht. Dieser hat sich nur um die dinglichen Rechtsverhältnisse zu

[5]) So Strohal a. a. O. und Jäckel-Güthe ZVG. 3. Aufl. 1910 S. 367.

kümmern, wie sie sich aus dem Grundbuch ergeben, und obligatorische Verpflichtungen zur Vornahme von Rechtsänderungen bleiben für ihn außer Betracht; sie sind außerhalb des Versteigerungsverfahrens geltend zu machen. Demgemäß fällt der Versteigerungserlös in diesem Falle mit dinglicher Wirkung dem Vollstreckungsschuldner zu, nicht etwa deshalb, weil er einen obligatorischen Anspruch auf Rückübertragung der G. hätte, sondern weil er zur Zeit des Verzichtes die Stelle des eingetragenen Grundeigentümers im Sinne des § 1168 Abs. 1 BGB. vertritt. Daß der Gläubiger den Verzicht nicht zugunsten des Vollstreckungsschuldners ausgesprochen hat, ist gleichgültig, im Falle eines Verzichtes fällt eben die G. und damit auch der an ihre Stelle tretende Versteigerungserlös schon kraft Gesetzes an den Eigentümer. Wenn eine entgegenstehende Ansicht aber für den Fall vertreten wird, daß der Gläubiger nicht ausdrücklich seinen Verzicht auf den Erlös erklärt, sondern lediglich erklärt, daß er den Versteigerungserlös nicht liquidiere,[6]) so kann nicht zugegeben werden, daß hierin ein wesentlicher Unterschied von dem Falle des ausdrücklichen Verzichtes zu erblicken wäre. Insbesondere ist die von Enneccerus-Wolff hierfür angegebene Begründung, der Grundschuldgläubiger könne ein Interesse daran haben, auf die G. nicht zu verzichten und sie doch nicht auszuüben, unzutreffend. Wenn er, was nach E.-W. ausschlaggebend sein soll, verpflichtet ist, die G. auf den Besteller zurück zu übertragen, so macht er sich diesem gegenüber auch verantwortlich, wenn er lediglich den Erlös nicht liquidiert und hieraus jenem ein Nachteil erwächst. Im übrigen ist auch hier hervorzuheben, daß die obligatorischen Verpflichtungen des Grundschuldgläubigers wiederum vom Versteigerungsrichter nicht zu beachten sind, daß diese vielmehr außerhalb des Verfahrens von den Beteiligten untereinander auszutragen sind. Sie üben keinerlei Wirkung aus auf die vom Versteigerungsrichter allein zu beachtenden dinglichen Rechtsverhältnisse. Die Erklärung, den Erlös nicht liquidieren zu wollen, weil die persönliche Forderung ihm nicht zustehe, hat im übrigen dieselbe Wirkung wie die Erkklärung des Verzichtes auf den Versteigerungserlös. Solange der Gläubiger überhaupt nichts erklärt, wird der Versteigerungserlös für ihn zurückbehalten bzw. gemäß § 117 ZVG. für ihn hinterlegt, sobald er aber erklärt, er liquidiere den Erlös ganz oder teilweise nicht, ist dieses nicht mehr die bloße Nichtausübung eines Rechtes, sondern die Erklärung, den Erlös nicht haben zu wollen, und das ist eben ein Verzicht. Nach der hier vertretenen Ansicht ist also der auf die nichtvalutierte G. entfallene Teil des Versteigerungserlöses an den zur Zeit des Zuschlagsbeschlusses eingetragenen

[6]) Vgl. Enneccerus-Wolff a. a. O. u. a.; in diesem Fall ist auch nach der Ansicht des RG. für den Gläubiger zu hinterlegen.

Grundeigentümer zu bezahlen, und zwar sowohl dann, wenn der eingetragene Gläubiger auf den Erlös verzichtet, wie auch dann, wenn er lediglich erklärt hat, daß er die G. nicht liquidiere.

§ 12.

Wechsel auf der Gläubiger- und Schuldnerseite beim Nebeneinanderbestehen von Forderung und Grundschuld.

Da die G. von der persönlichen Forderung unabhängig ist, so findet insbesondere § 1153 BGB. keine Anwendung. Dieser Paragraph gehört zu denjenigen Vorschriften, welche damit zusammenhängen, daß die Hypothek eine persönliche Forderung voraussetzt (§ 1192 BGB.), er gilt daher nur für die Hypothek. Mithin kann die G. ohne die persönliche Forderung abgetreten werden.[1]) In dieser Hinsicht gleicht die G. wiederum dem Wechsel, den der Gläubiger gleichfalls ohne die zugrunde liegende Forderung abtreten kann. Es muß alsdann vermieden werden, daß der Schuldner sowohl aus der G. wie auch aus der persönlichen Forderung in Anspruch genommen wird und zweimal bezahlen muß. Diese Gefahr besteht besonders dann, wenn der persönliche Schuldner mit dem Grundeigentümer identisch ist. Wird einem neuen Gläubiger die G. abgetreten, so kann allerdings der neue Grundschuldgläubiger ohne weiteres die Rechte aus der G. geltend machen; es kann ihm alsdann nicht entgegengehalten werden, daß die persönliche Forderung einem anderen zustehe. Die G. ist ein von der persönlichen Forderung unabhängiges Recht, und mit dieser Maßgabe kann sie sowohl der ursprüngliche Gläubiger wie auch der spätere Zessionar geltend machen; sie wird durch das Schicksal der persönlichen Forderung nicht berührt. Der Grundeigentümer kann dem G.-gläubiger also nicht entgegenhalten, daß die persönliche Forderung einem anderen zustehe, daß sie an diesen bezahlt sei oder daß dieser zunächst auf seine persönliche Forderung verzichten müsse. Der Anspruch des G.-gläubigers ist erst dann getilgt, wenn das Grundschuldkapital an ihn bezahlt ist, sei es durch freiwillige Bezahlung oder durch Befriedigung aus dem Grundstück. Eine Zahlung an den persönlichen Schuldner kommt dem Grundschuldgläubiger gegenüber nicht in Betracht. Anderseits ist aber auch durch die bloße Abtretung der G. allein der Schuldner noch nicht von seiner persönlichen Schuld befreit, und zwar auch dann nicht, wenn der Gläubiger die G. durch die Abtretung verwertet und auf diese Weise den ihm zustehenden Forderungsbetrag erhalten hat; es steht ja nichts entgegen,

[1]) Vgl. u. a. KGJ. Bd. 43 S. 255 und RJA. 12 S. 251; Planck S. 1123 Anm. 5. Darüber, wie der Schuldner eine solche, unter Umständen Unzuträglichkeiten nach sich ziehende Abtretung vermeiden kann, vgl. Enneccerus-Wolff S. 447/8.

daß er die G. zurückerwirbt (a. A. für den Wechsel Staub-Stranß, WO. Anm. 28 S. 289 und dort zit.). Denn durch die Abtretung der G. ist die geschuldete Geldsumme selbst immer noch nicht aus dem Vermögen des Schuldners an den persönlichen oder dinglichen Gläubiger gelangt. Der Zweck der G. ist, die Entrichtung einer Geldsumme an den Gläubiger aus dem Vermögen (dem Grundstück) des Schuldners sicherzustellen, und solange diese nicht erfolgt ist, sei es durch freiwillige Zahlung des Eigentümers, sei es durch Zahlung aus dem Grundstück, ist der Anspruch nicht getilgt, ist jene Voraussetzung nicht eingetreten. Die persönliche Schuld besteht daher gleichfalls weiter, bis auch der G.-gläubiger befriedigt ist, und zwar auch dann, wenn persönlicher und dinglicher Gläubiger nicht mehr dieselben Personen sind. Namentlich besteht die persönliche Forderung auch nach erfolgter Zwangsversteigerung des mit der G. belasteten Grundstücks insoweit weiter, als der G.-gläubiger im Zwangsversteigerungsverfahren ausgefallen ist. Die persönliche Forderung erlischt eben erst dann und insoweit, als die G. tatsächlich zur Hebung gekommen oder vom Eigentümer auf Grund seines Lösungsrechtes getilgt worden ist. Würde aber der Eigentümer und persönliche Schuldner vor der Befriedigung des G.-gläubigers durch den von diesem verschiedenen persönlichen Gläubiger in Anspruch genommen, so müßte er zweimal bezahlen: an den persönlichen Gläubiger aus seinem Vermögen, an den dinglichen Gläubiger aus seinem Grundstück. Hiergegen ist er indessen, obwohl dies im Gesetz nicht ausdrücklich gesagt ist, ebenso geschützt, wie der Schuldner, der seinem Gläubiger einen Wechsel gegeben hat. An den ursprünglichen Gläubiger, welcher die G. weiter abgetreten, die persönliche Forderung aber behalten hat, braucht er auf Grund der letzteren nur dann zu bezahlen, wenn dieser ihm gleichzeitig unter Rückgabe des etwaigen Grundschuldbriefes die G. zurücküberträgt oder ihm einen in rechtswirksamer Weise erklärten Verzicht auf die G. nachweist. Bis zur Aushändigung der entsprechenden Urkunden — auch des etwaigen Grundschuldbriefs — kann er das Zurückbehaltungsrecht an der dem Gläubiger geschuldeten Geldsumme ausüben.[2])

Wie die G. ohne die persönliche Forderung, so kann auch letztere ohne die G. abgetreten werden. Alsdann geht die G. nicht etwa kraft Gesetzes mit über, wie die Hypotheken- und Pfandrechte gemäß § 401 BGB. Die G. gehört nicht zu den in diesem Paragraph erwähnten Nebenrechten der Forderung, weil sie unabhängig von der Forderung besteht.[3]) Auch schon mit Rücksicht auf die Notwendigkeit der Eintragung im Grundbuch — obwohl

---

[2]) Für den Wechsel vgl. Staub-Stranß WO. S. 289 und dort zit.; Bolze 4 Nr. 554; Recht 1912 Nr. 1237; für die G. Enneccerus-Wolff S. 543 Anm. 17; Planck, Biermann u. a.

[3]) Vgl. Planck S. 1125 Anm. 67 u. a.; a. A. Staudinger SR. S. 966 Anm. 3b.

man dasselbe auch von der Hypothek sagen könnte — erscheint der Übergang kraft Gesetzes ausgeschlossen. Wenn indessen bei Abtretung der persönlichen Forderung die G. nicht weiter erwähnt worden ist, so ist der Wille der Parteien dahin auszulegen, daß der Zedent auch zur Abtretung der die Forderung sichernden G. obligatorisch verpflichtet sein soll; wenigstens wäre ein entgegenstehender Wille des Zedenten nicht zu beachten, weil er mit der Nichtabtretung des dinglichen Rechts nur unlautere Zwecke verfolgen könnte.[4]) Möglich ist allerdings, daß durch ausdrücklichen Vorbehalt die G. nicht mit abgetreten und auch eine Verpflichtung dazu nicht begründet wird, indessen wird ein derartiger Fall kaum vorkommen; denn der Zessionar könnte in der Regel mit einer derartigen Forderung, welche er nur gegen Rückgewähr der G. einziehen könnte, nichts anfangen.

Wie das Recht des persönlichen und des dinglichen Gläubigers auseinanderfallen können, so kann sich auch in der Person des Schuldners und des Eigentümers ein Wechsel vollziehen. Sind Eigentümer und persönlicher Schuldner dieselbe Person und wird das Grundstück veräußert, so bedarf es zum Zwecke der Nachfolge des neuen Eigentümers in die persönliche Schuld eines Schuldübernahmevertrags gemäß § 415 BGB. Gemäß dem § 416 BGB. kann sich die Schuldübernahme nicht vollziehen;[5]) dieser Paragraph, welcher die privative Schuldübernahme beim Erwerb eines mit einer Hypothek belasteten Grundstücks erleichtert, ist auf die G. nicht anzuwenden, auch wenn die durch sie gesicherte persönliche Schuld übernommen werden soll. Der § 416 BGB. hat den Zweck, daß bei der mit der Forderung eng verknüpften Hypothek das Auseinanderfallen von persönlicher und dinglicher Schuld möglichst vermieden werden soll. Aus diesem Grunde wird die privative Schuldübernahme hier erleichtert. Bei der G., welche vom Gesetz vollkommen unabhängig von der persönlichen Schuld gestaltet ist, kann dieser Zweck nicht beabsichtigt sein. Der innere Grund für die Anwendung des § 416 BGB. fällt also hier weg.[6]) Soll daher beim Übergang eines mit einer G. belasteten Grundstücks auch die durch diese gesicherte persönliche Schuld übernommen werden, so kann sich die Übernahme (privativ) nur in der Form des § 415 BGB. vollziehen. Ein weiterer Fall des Mitübergangs der persönlichen Schuld unter befreiender Wirkung für den bisherigen Schuldner und Eigentümer ist für das Zwangsversteigerungsverfahren in § 53 Abs. 2 ZVG. vorgesehen; unter den dort angeführten Voraussetzungen übernimmt der Ersteher mit der nicht erlöschenden G. auch die durch sie gesicherte per-

[4]) So für den ähnlichen Fall des fiduziarischen Eigentums, RG. Bd. 89 S. 195.
[5]) Vgl. Enneccerus-Wolff S. 448 Anm. 10.
[6]) Vgl. Planck S. 1162 Anm. 6 i und dort zit.

sönliche Schuld. Es soll allerdings auch hier das Auseinanderfallen von persönlicher und dinglicher Schuld vermieden werden.

Wie ursprünglich der persönliche Schuldner und der Besteller der G. verschiedene Personen sein können, so kann sich dieser Sachverhalt auch erst nachträglich ergeben, obwohl sie ursprünglich ein und dieselbe Person waren. Der Grundeigentümer, welcher gleichzeitig der persönliche Schuldner war, veräußert das belastete Grundstück, ohne daß sich eine Schuldübernahme in der Gestalt des § 415 BGB. vollzieht. Er bleibt alsdann dem Gläubiger persönlich verhaftet. Befriedigt er ihn, so hat er als Besteller der G. nach dem kausalen Verpfändungsvertrag einen Anspruch auf Rückerstattung der G. durch Abtretung; er braucht also auch nur gegen Rückzession der G. zu leisten. Es genügt hier nicht, wenn der Gläubiger auf die G. verzichtet; denn der Verzicht käme dem Eigentümer, nicht aber dem Schuldner zugute, aus dessen Vermögen sie der Gläubiger erlangt hatte. Endlich können persönlicher und dinglicher Schuldner dadurch verschiedene Personen werden, daß ein Dritter mit befreiender Wirkung gemäß § 415 BGB. die persönliche Schuld des Eigentümers übernimmt, ohne daß sich ein Wechsel in dem Eigentum des belasteten Grundstücks vollzieht. Alsdann besteht neben der Forderung auch die G. weiter. Der § 418 BGB., wonach infolge der Schuldübernahme die für die Forderung bestellten Pfandrechte erlöschen, bzw. die Hypothek Eigentümerhypothek wird, sind mit Rücksicht auf die bereits mehrfach erwähnten Gründe auf die G. nicht anzuwenden.

Wenn nun beim Wechsel der Personen auf der Passivseite gleichzeitig auch auf der Aktivseite dingliches Recht und persönliche Forderung auseinandergefallen sind, so fragt sich wiederum, ob und inwieweit der in Anspruch genommene persönliche Schuldner bis zur Rückgewähr der G. bzw. bis zum Verzicht darauf ein Leistungsverweigerungsrecht hat. Dieses Recht, die Zahlung an den persönlichen Gläubiger bis dahin zu verweigern, hat der persönliche Schuldner nur in zwei Fällen, und zwar zunächst dann, wenn der Gläubiger die G. von ihm erlangt hatte, und sodann, wenn der Eigentümer des mit der G. belasteten Grundstücks einen Ersatzanspruch gegen ihn hat. Hatte er selbst die G. bestellt, und soll er nach der Veräußerung des belasteten Grundstücks als persönlicher Schuldner in Anspruch genommen werden, so würde der Gläubiger die Geldsumme zweimal erhalten, einmal durch die G. bzw. durch deren Verwertung und sodann durch die persönliche Forderung. Die doppelte Befriedigung des Gläubigers (bzw. seines Rechtsnachfolgers) würde auch hier auf Kosten des persönlichen Schuldners gehen; denn er hatte aus seinem Vermögen die G. bestellt und hat für sein Grundstück einen um den Grundschuldbetrag geringeren Erlös erzielt. Er braucht daher hier wiederum nur gegen Rückübertragung der G. seine persönliche Schuld zu bezahlen. Ähnliches gilt, wenn er aus irgend einem Grunde dem Eigentümer des belasteten Grundstücks ersatzpflichtig ist; die oben § 4 angeführten Gründe treffen auch hier zu. Wann eine solche Ersatzpflicht besteht, ergibt sich aus dem folgenden Paragraph. Hat nämlich ein Dritter die G. für den persönlichen Schuldner bestellt, so ist sie nicht ohne weiteres auf Kosten des letzteren errichtet worden, und es kann daher nicht immer die Rede davon sein, daß der Gläubiger auf seine Kosten zweimal bezahlt werde. Ist er aber dem Eigentümer ersatzpflichtig, so ist es sein Recht, zu verhüten, daß er zweimal wegen desselben Geldbetrags in Anspruch genommen wird; er kann daher auch in diesem Falle die Zahlung solange verweigern, bis ihm die G. übertragen oder wenigstens auf sie verzichtet wird. Seinem Interesse, nicht zweimal in Anspruch genommen zu werden, ist hier auch schon durch den Verzicht auf die G. genügt, während er, wenn er die G. selbst bestellt hat, die Rückübertragung verlangen kann.

§ 13.

Rechtsverhältnis zwischen dem persönlichen Schuldner und dem Eigentümer.

Die Frage, in welchem Rechtsverhältnis der persönliche Schuldner und der Eigentümer des Grundstücks zueinander stehen, ist verschieden zu beurteilen. Danach richten sich auch ihre Ersatzansprüche gegeneinander. Möglicherweise bestehen zwischen ihnen überhaupt keine Rechtsbeziehungen; insbesondere gilt dies, wenn der Grundeigentümer nicht etwa beauftragt war, für die persönliche Schuld eine G. zu bestellen, sondern sie lediglich auf Grund seiner Vereinbarung mit dem Gläubiger errichtet hat. Befriedigt alsdann der Eigentümer den Gläubiger, so hat er darum noch keinen Ersatzanspruch gegen den Schuldner. Zunächst ist nicht etwa die persönliche Forderung kraft Gesetzes auf ihn übergegangen; der § 1143 Satz 1 BGB., welcher bei der Hypothek in einem solchen Falle den Übergang der Forderung kraft Gesetzes bestimmt, ist auf die G. nicht anzuwenden; diese gesetzliche Bestimmung ist allein auf die den Bestand einer persönlichen Forderung voraussetzende Hypothek zugeschnitten. (Der § 1143 BGB. kommt aus dem letztgenannten Grunde übrigens auch dann nicht in Betracht, wenn aus anderen Gründen dem Eigentümer gegen den persönlichen Schuldner ein Ersatzanspruch zusteht.) Auch von einer analogen Anwendung des § 774 BGB. kann keine Rede sein. Ebensowenig[1]) von einer Anwendung des § 426 BGB., welcher lediglich für Gesamtschuldner und zwar für persönliche Schuldner gilt (vgl. Planck S. 1123 Anm. 6 h). Dagegen ist der persönliche Schuldner

[1]) Im Gegensatz zu Fuchs § 1143.

dem wegen der G. in Anspruch genommenen Eigentümer dann zur Erstattung des Grundschuldbetrags verpflichtet, wenn zwischen ihnen ein Auftragsverhältnis vorliegt, was meistens der Fall sein wird. Hat der Schuldner den Eigentümer beauftragt, als Sicherheit für seine persönliche Schuld eine G. zu bestellen, so muß er ihm gemäß § 670 BGB. seine Aufwendungen erstatten, und hierzu gehört auch der Grundschuldbetrag, mag er diesen auf Grund seines Lösungsrechtes gemäß § 1142 BGB. bezahlt haben, oder mag dieser durch Zwangsvollstreckung in das Grundstück zur Hebung gelangt sein. Einen gleichen Erstattungsanspruch hat der Eigentümer in folgendem Fall: er hat von dem persönlichen Schuldner das mit der G. belastete Grundstück erworben und dieser hatte sich verpflichtet, ihm das Grundstück lastenfrei zu verschaffen, so daß er gegen ihn einen Anspruch auf Beseitigung der G. hat. Wird er nun vom Gläubiger in Anspruch genommen und befriedigt ihn, so hat er gegen den persönlichen Schuldner einen Anspruch auf Erstattung des Grundschuldbetrags. Sowohl in diesem, wie in dem erst genannten Falle erwirbt der Eigentümer durch Befriedigung des Grundschuldgläubigers das dingliche Recht als Eigentümergrundschuld (vgl. oben § 7). Die persönliche Forderung erwirbt er aber nicht gemäß § 1143 BGB., sondern aus dem anderen besonderen Rechtsgrunde.

Umgekehrt kann aber auch der persönliche Schuldner im Falle seiner Inanspruchnahme einen Erstattungsanspruch gegen den Eigentümer haben. Hat etwa der Schuldner und Eigentümer das belastete Grundstück veräußert, und hat der neue Eigentümer mit dem früheren die Übernahme der persönlichen Schuld vereinbart, ohne daß diese Schuldübernahme die Genehmigung des Gläubigers gefunden hätte, so ist gemäß § 415 Abs. 3 BGB. der neue Eigentümer dem früheren gegenüber zur Befriedigung des Gläubigers verpflichtet. Befriedigt aber der frühere Eigentümer als persönlicher Schuldner den Gläubiger, so steht ihm gegen den neuen Eigentümer ein Erstattungsanspruch zu. Eine derartige Erfüllungsübernahme ist natürlich auch möglich, ohne daß eine Veräußerung erfolgt ist, sofern nur persönlicher und dinglicher Schuldner verschiedene Personen sind. Es sind alsdann die Voraussetzungen gegeben, unter denen gemäß § 1164 BGB. eine Hypothek kraft Gesetzes auf den persönlichen Schuldner übergehen würde. Indessen ist auch dieser Paragraph auf die G. nicht anzuwenden.[2]) Auch dieser Paragraph ist aus den mehrfach erwähnten Gründen eine speziell die Hypothek betreffende Vorschrift. Ist die G. von einem persönlichen Schuldner oder von einem Dritten in seinem Auftrage bestellt, so tritt allerdings eine im Endergebnis den Folgen des § 1164 gleichende Wirkung insofern ein, als der Schuldner aus den oben § 4 ausgeführten Gründen die Abtretung der G. vom Gläubiger verlangen kann.

---

[2]) Bestritten, vgl. Planck S. 1126 Anm. 6g und dort zit.

Der § 1166 BGB. dürfte auch auf die G. anzuwenden sein,[3]) d. h. wenn der persönliche Schuldner im Falle der Befriedigung des Gläubigers durch ihn von dem Eigentümer Ersatz verlangen kann, so ist der Gläubiger, der die Zwangsversteigerung betreibt, verpflichtet, ihn unverzüglich zu benachrichtigen, andernfalls kann ihn der Gläubiger in Höhe des ihm durch die Nichtbenachrichtigung erwachsenen Schadens wegen eines Ausfalls bei der Zwangsversteigerung nicht in Anspruch nehmen. Hier steht der Anwendung dieses Paragraphen der § 1192 BGB. nicht entgegen. Denn der § 1166 BGB. betrifft überhaupt nicht das dingliche Recht (Hypothek oder Grundschuld) selbst, sondern das zwischen dem Gläubiger und dem persönlichen Schuldner bestehende Rechtsverhältnis. Gerade die persönliche Schuld soll hier durch die Unterlassung der Benachrichtigung berührt werden, der Gläubiger soll gewissermaßen seinem Schuldner für die Unterlassung der Benachrichtigung verantwortlich sein. Die obligatorischen Rechtsbeziehungen der Beteiligten, wie sie in § 1166 BGB. vorgesehen sind, insbesondere auch die Berechtigung des Schuldners, vom Eigentümer Ersatz zu verlangen, können bei der G. ebensowohl vorliegen, wie bei der Hypothek, und sie sind, da sie den Inhalt des dinglichen Rechts nicht berühren, unabhängig davon, daß die G. an sich, d. h. ihrem Wesen nach, eine Forderung nicht voraussetzt. Es liegt auch kein Grund vor, den Grundschuldgläubiger, welchem sein persönlicher Schuldner ebensowohl bekannt ist, wie dem Hypothekengläubiger, hier besser als diesen zu behandeln und von ihm eine geringere Sorgfaltspflicht zu verlangen, als von dem Hypothekengläubiger.

Endlich wäre noch hervorzuheben, daß auch der § 2166 BGB. auf die G. anzuwenden ist, obwohl dort nur von der Hypothek die Rede ist. Ist danach das mit einer Hypothek oder Grundschuld belastete Grundstück durch Vermächtnis auf einen anderen übergegangen und haftet die Hypothek oder Grundschuld für eine persönliche Schuld des Erblassers oder eine solche, zu deren Berichtigung er dem Schuldner gegenüber verpflichtet ist, so ist der Vermächtnisnehmer im Zweifel dem Erben gegenüber zur rechtzeitigen Befriedigung des Gläubigers insoweit verpflichtet, als die Schuld durch den Wert des Grundstücks gedeckt wird. Der Zweck dieser Vorschrift ist der, daß der Vermächtnisnehmer als dinglicher Schuldner den Erben von der persönlichen Schuld befreien soll, so daß der Erbe nicht mehr von dem Gläubiger in Anspruch genommen werden kann. Diese Absicht des Gesetzes muß aber in gleicher Weise verwirklicht werden, ob es sich nun um eine Hypothek oder eine Grundschuld handelt (vgl. auch § 2168 BGB.).

---

[3]) A. A. Planck S. 1123 Anm. 5; RGRKomm. S. 599.

FSC
www.fsc.org
MIX
Papier | Fördert gute Waldnutzung
FSC® C083411

Kolibri 360 GmbH
Ferdinand-Jühlke-Straße 7
99095 Erfurt, Deutschland
produktsicherheit@kolibri360.de